Stephen Diamond

Was die Bäume sagen

Leben in einer Landkommune

Fischer
Taschenbuch
Verlag

fischer alternativ –
Herausgegeben von Rudolf Brun

fischer alternativ
Eine Reihe des Fischer Taschenbuch Verlags
November 1979

Umschlagentwurf: Peter Hajnoczky, Zürich
Fotos, soweit nicht anders gekennzeichnet,
von Peter Simon

Die amerikanische Ausgabe erschien unter dem Titel:
»What the Trees said.
Life on a new Age Farm«
Aus dem Amerikanischen übersetzt von
Teja Schwaner
Dell Publishing Co. New York

Mit freundlicher Genehmigung des S. Fischer Verlags,
Frankfurt am Main
Fischer Taschenbuch Verlag, Frankfurt am Main 1979
Satz: Georg Wagner, Nördlingen
Druck und Bindung: Clausen & Bosse, Leck
Printed in Germany
680-ISBN-3-596-24034-4

Inhalt

Buch Eins
Vor dem großen Zusammenbruch der sanitären Verhältnisse

Einleitung
Der gute alte Blues vom Geächteten 13
1. Erster Blick auf das Land & einige frühe Gesichter 20
2. Ein Tag mitten im Nirgendwo 37
3. Die Erntedank-Schlacht 53
4. Wind-Wechsel / 1 84

Eine Unterbrechung
Was die Bäume sagten 104

Buch Zwei
Nach dem großen Zusammenbruch der sanitären Verhältnisse

5. Wind-Wechsel / 2 127
6. Durstige Stiefel 135
7. Farm-Handwerk 149
8. Brennende Räder 178
9. Ein Todesfall in der Familie 203
10. Zusammenhalten 227

Dieses Buch ist dem Baby gewidmet, das 1970 geboren wurde, dem Jahr eins.

Ich möchte meinen Eltern danken und meinen beiden Familien sowie meinen Freunden für ihre Geduld und Ausdauer, die sie in den vergangenen vierundzwanzig Jahren für mich aufgebracht haben (und die – glaubt mir – von ihrer Seite weit über das hinausgingen, was man Pflicht nennt); ich möchte außerdem Ray danken, daß er mich an jenem Tag zum Zahnarzt schleppte, als ich sicher war, der *Kosmos* sei in Stücke zerbrochen; Sam Lawrence, publicator extraordinaire, und Dan Wakefield für ihr nicht erlahmendes Interesse an der fortlaufenden Saga; James Rufus Agee und Arthur J. Spring jr. dafür, daß sie mir den Schädel aufgesprengt haben wie mit Dynamit und mich zwangen, den Rest meiner Tage damit zu verbringen, nach Sachen zu wühlen, mit denen ich ihn ausfüllen kann.

S. D.

Im Herzen jeder Erfahrung ruht eine Ordnung, ein innerer Zusammenhang. Wir könnten sie entdecken, wären wir nur wachsam genug, liebend genug, geduldig genug. Wird dafür noch Zeit sein?

Lawrence Durrell, *Justine*

Die Hauptsache ist, daß wir warten, nicht wie bequem wir es haben, während wir warten. Der Steinzeitmensch wartete bei seinen Höhlen auf die Verwirklichung seiner Existenz, und er jagte; die modernen Menschen warten in ihren schönen Häusern und versuchen, Tod und Geburt zu vergessen. Wir warten auf die Vergegenwärtigung, daß dies die goldene Ewigkeit ist.
Sie geschah zur rechten Zeit.

Jack Kerouac aus: *The Scripture of the Golden Eternity*

Buch Eins

Vor dem großen Zusammenbruch der sanitären Verhältnisse

Einleitung
Der gute alte Blues vom Geächteten

Sehr geehrte Herren,
wir sind daran interessiert, unsere eigene Underground-Zeitung herauszubringen. Wir hoffen, für die Leute hier an unserer Junior High School eine Zeitung zu machen, die besser ist als der Mist, den sie jetzt haben.
Wir möchten gern etwas mehr über den Liberation News Service of the New Age (Nachrichtendienst zur Befreiung im Neuen Zeitalter) erfahren und, wenn möglich, könnten Sie uns eine Probe Ihrer Zeitungsnotizen und Artikel schicken?

Es lebe die Revolution!
Ihr Wayne H——
Easton, Pa.

P.S. Bitte entschuldigen Sie die Rechtschreibung und die Handschrift, aber ich schreibe während der Mathe-Stunde und werde beobachtet.

Lieber Wayne,
es tut mir leid, aber unsere Organisation existiert nicht mehr. Wir selbst existieren zwar noch, aber der Liberation News Service tut es nicht mehr. Hier, verborgen an einem abgelegenen Ort auf dem Lande, überleben wir, lernen wir, Amerika zu überleben.
Was dem LNS passiert ist, ist nicht ungewöhnlich. Wir, die Individuen, die jene Organisation ausmachten, haben ihn ein-

fach eines Tages zum Abendbrot gegessen, weil wir hungrig waren. Und da man (was jeder weiß) ist, was man ißt, sind wir zu ihm geworden.

Vielleicht hast du vor einiger Zeit im *Realist* von der Geburt Digger Batmans in San Francisco gelesen. All die Freaks saßen im Wohnzimmer auf dem Fußboden, rauchten ›shit‹, sangen und waren unheimlich angeturnt von den Geburtsvibrationen, die aus dem Nebenzimmer kamen. Das Mädchen, welches das Baby bekam, war nicht älter als siebzehn; der Arzt, selbst ein Digger mit Haaren bis an die Knie, brachte die Nachgeburt in das Vorderzimmer. Der Blechtopf mit dem roten Zeug wurde im Zimmer rumgegeben, man tauchte die Hände hinein und nahm sie dann in den Mund. Und so wurde das Baby zu einem Teil von ihnen allen, und sie alle zu einem Teil des Babys. Die Mau Mau praktizieren ein ähnliches Ritual – Nieren, Lammblut, Scheiße, Urin, Blut aus den Arterien der ganzen Gruppe. Die neu Einzuweihenden schlucken es runter, siebenmal sieben Schlucke des heiligen Wassers...

Und so etwas Ähnliches ist uns passiert, dem Liberation News Service of the New Age, obwohl es nicht im geringsten so dramatisch war, das gebe ich zu. Wir machten einfach die Augen zu, schluckten ihn runter und wurden zu ihm.

Als ich viel jünger war, da ging ich mindestens zweimal in der Woche ins Kino. Gewöhnlich brauchte ich nach Schluß des Films noch eine halbe Stunde, bis mir bewußt wurde, daß wirklich Schluß war, daß ich zu Hause war und nicht bei einem Pokerspiel mit Jack Palance (dieser finstere Blick!), nicht im Streit mit Clark Gable, ob wir das U-Boot mit Mann und Maus untergehen lassen sollten oder nicht – sondern zu Hause und wieder ich selbst, wieder im wirklichen Leben.

Wir alle hatten zu lange den Film gesehen, diesen Monsterfilm von 1968, *Revolution in Amerika,* Produktion und Regie: die Massenmedien, die Neue Linke, die Regierung, die Modeindustrie, Universitätspräsidenten, Lyndon Johnson, Lewis Hershey; und es war alles ziemlich schal geworden, zu schnell zu alt, un-›revolutionär‹. Es wurde Zeit, die ganze Sache nach draußen zu bringen, vor die Tür, ans Tageslicht, in das wirkliche Leben.
Es wurde Zeit aufzuhören, sich den Film anzusehen, und stattdessen er zu werden.

Es ist Mitte Juli 1968. Ich sitze im Schlafzimmer meiner Zweieinhalb-Zimmer-Wohnung in der Claremont Avenue von New York City. Zwei Türen weiter ist das Kellerbüro des Nachrichtendienstes.
Das schmutzige Licht eines New Yorker Morgens mischt sich sehr schön mit dem Rauch des Joints, den Marshall Bloom und ich rauchen. Die Uhr sagt halb sieben. Ab und zu klingeln die Heizungsrohre, das Geräusch interpunktiert unser Gespräch. Es ist mitten im Sommer, aber in New York weigern sich die meisten Heizungskörper, den Wechsel der Jahreszeiten anzuerkennen.
Im Vorderzimmer liegen drei oder vier Schläfer. Noch früher an diesem Morgen hat der Underground-Nachrichtendienst sein Hauptbüro von Washington, D. C. in den Big Apple verlegt, und einige der Leute von der Redaktion aus Washington wohnen in dem Apartment, das ich mit Cathy, meinem Mädchen, teile.
»Verstehst du, es gibt eine Sache, die heißt *Karass*«, sagt Marshall. »Das kommt aus Vonneguts Buch, *Cat's Cradle*!«
Er preßt seine Lippen fest um den Joint zusammen und zieht tief ein, seine Augen quellen hervor wie die von Jerry Colonna.

Marshall ist lang und dünn, sein hellbrauner Fu-Manchu-Bart zieht sich dräuend zu beiden Seiten seines Gesichtes hinunter, und die Bartzipfel heben sich unten von seinem Kinn frei in den Raum.

»Ein *Karass* ist eine Gruppe von Leuten, oder sogar Dingen, die alle auf die eine oder andere Weise direkt miteinander verwandt sind. Und an einem bestimmten Punkt kommen sie alle zusammen.« Er stößt den Rauch aus.

Ich hatte Marshall gerade am Tag vorher kennengelernt. Doch hatte ich schon eine Menge von ihm gehört, da er, zusammen mit Ray Mungo, den LNS gegründet hatte. Ich selbst startete das New Yorker Büro des Nachrichtendienstes mit George Cavalletto, Dan Roth und Cavallettos Erbschaft. Es hatte schon immer Tratschgeschichten über Blooms ›dämonisches Genie‹ gegeben, über die Schwierigkeiten der Leute in Washington, mit ihm zu arbeiten. Wahnsinnig nannte man ihn wegen der unberechenbaren, enthusiastischen, energiegeladenen Art, mit der er an alle Projekte, an alle Unternehmungen heranging. Überdies, wenn man ihm ins Gesicht sah, dann erschien er einem schon ein bißchen verrückt (viel, viel später sollten wir ihn liebevoll ›Verrückter Marshall‹ nennen): seine Brille hing immer so verwegen und bedenklich unsicher auf der Nase, daß jeder Gesprächspartner davon abgelenkt wurde. Seine Haare, eine ›weiße‹ Version des Afro-Looks, waren schwarz und lockig und wild wie tausend schwarze Männer, die zornig ihre Fäuste gegen die Sonne schütteln. Man hatte das Gefühl, sie wollten von seinem knochigen Gesicht wegfliegen. Tatsächlich, Marshall Bloom war ›Bokonon‹, der geliebtgehaßte katalytische Schwarze Magier in *Cat's Cradle*. (Das sollte ich aber erst viel später herausfinden, als ich endlich Vonneguts Buch der Bücher las.)

»Nun, ich glaube, wir sollten mit dem Nachrichtendienst auf

eine Farm ziehen, irgendwo in den Bergen, vielleicht nach Kanada. An einen Ort, wo die Leute anfangen können, klar zu denken, einen Ort, wo sie all die Gifte der Stadt aus ihrem Organismus vertreiben können.«

Bokonon probiert es erstmal bei mir, vermutlich wegen meiner Größe.

»Eine Farm? Du machst Witze. Ein Underground-Nachrichtendienst von einer Farm aus in den Bergen?« Wir sind jetzt beide ziemlich stoned, und ich bin überzeugt, daß Marshall nur versucht, mich zu schocken, es kann ihm nicht wirklich ernst sein. Die Aktionen, die Stadt, der ›Underground-Journalismus‹ usw. halten mich gefangen. Mit dem Liberation News Service aufs Land zu ziehen erscheint mir widersinnig. Schließlich bin ich doch engagiert in diesem Film mit dem Titel Revolution; es ist erst einige wenige kurze Monate nach Columbia, und die zweite Rolle, The Chicago Convention, ist noch nichtmal angelaufen.

Zwei Wochen später. Der Nachrichtendienst steht kurz davor auseinanderzubrechen. Jeder in der Bewegung redet darüber, was nun? Die beiden Gruppen formieren sich rasch; wenn die eine Fraktion im Büro ist, bleiben die Mitglieder der anderen weit weg. Die Leute rennen grimmig umher, zähneknirschend. Lächeln liegt nicht drin. Jeder will Blut sehen. Demokratie gleicht dem verwirrenden, aus vielen Einzelheiten bestehenden Traum aus Pfeifenrauch. Ein Machtkampf entbrennt. (Ihr könnt euch über alle Einzelheiten dieser Sache eingehend informieren in Ray Mungos *Famous Long Ago, My Life and Hard- Times with Liberation News Service.*)

Es begann simpel genug. Zwei Männer, Marshall Bloom und Allen Young, rangen um die Kontrolle über den Nachrichtendienst. Ihre Ideen und Visionen unterschieden sich so sprichwörtlich voneinander wie Schwarz und Weiß (obwohl es natürlich niemals ganz so einfach war). Die restlichen Mitglieder der Organisation sind gezwungen, sich für eine der beiden Seiten zu entscheiden. Diese politische Seitenwahl hat nicht viel mit der Idee des *Karass* zu tun. Manche von unserem *Karass* waren auf der anderen Seite, Miriam besonders, und auch andere; und manche, die sich bei diesem Kampf auf unsere Seite schlugen, hatten absolut keine Beziehung zu unserem *Karass* (diese Möglichkeit wird auch in den *Books of Bokonon* bestätigt).

Ihr mögt vielleicht glauben, daß ich die Einzelheiten der Trennung zu überspielen versuche... wem wehgetan wurde und wem nicht. Ja, das tue ich. Sie sind für die Geschichte, die ich euch erzählen will, nicht wesentlich. Wichtig ist, hier und jetzt, daß eine Gruppe von jungen Amerikanern, geboren und aufgewachsen in den Städten und Vorstädten dieses Landes in der zweiten Hälfte des amerikanischen Jahrhunderts, sich entschloß, die Probleme – die Probleme ihrer eigenen Existenz – selbst in die Hand zu nehmen.

Wie ich schon sagte, etwas mußte passieren. Explosive Stimmung und schlechtes Karma steigerten sich und steigerten sich, und sehr schnell mußte der Tag kommen, da der Liberation News Service sich auflösen würde.

Sie, die etwa fünfzehn anderen Mitglieder des Nachrichtendienstes, aus denen die Oppositionsfraktion bestand, hießen die ›politicos‹; uns nannte man die ›freaks‹. Vereinfacht dargestellt, wollten die Politicos eine politische Revolution (d. h. eine Änderung der Regierungsstruktur), während die Freaks eine kulturelle, den Lebensstil betreffende totale und permanente Revolution suchten. Aber schließlich ging es nur noch ums Überleben, worum es meiner Meinung nach immer geht. Sie versuchten, uns auszubooten, und wir mußten ihnen zuvorkommen. Also taten wir das einzig Mögliche, nahmen die

Büroeinrichtung und anderes Zeug (wozu wir ›gesetzlich‹ berechtigt waren, da Ray Mungo und Marshall Bloom die rechtlich Verantwortlichen waren) plus Geld, das ich durch eine nichtkommerzielle Vorführung des Beatles' Films *Magical Mystery Tour* zusammenbringen konnte, und kauften eine Farm, wo wir weiter den Nachrichtendienst herausbringen, in einer Kommune leben, unsere eigene Nahrung anbauen und wer weiß was sonst noch machen wollten. Wir konnten nicht wissen, was uns bevorstand, nicht ahnen, welch unglaubliche Veränderungen unser Leben und unser Bewußtsein durchmachen würden. Das einzige war: mit beiden Füßen zugleich hineinzuspringen...

Ich könnte euch all die politischen und intellektuellen Erwägungen schildern, die wir anstellten, bevor wir unser ›Ding‹ drehten, oder wie Steve Lerner es in einem Artikel in der *Village Voice* nannte: »einen einzigartigen Wechsel der Adresse vollzogen«. Aber sie sind lange nicht so wichtig wie jene uns vor allem motivierende Kraft: Überleben. Und das scheint mir irgendwie ironisch, denn sie ist die Hauptlehre und das beherrschende Thema unseres Lebens hier auf einer Farm im Westen Neu-Englands.

Euer
Steve Diamond,
Montague, Mass.

1. Erster Blick auf das Land & einige frühe Gesichter

Zu den Besonderheiten der Morgenlandfahrt gehörte unter andern auch diese, daß zwar der Bund mit dieser Reise ganz bestimmte, sehr hohe Ziele anstrebte, daß aber jeder einzelne Teilnehmer auch seine privaten Reiseziele haben konnte, ja haben mußte, denn es wurde keiner mitgenommen, den nicht solche privaten Ziele antrieben, und jeder einzelne von uns, während er gemeinsamen Idealen und Zielen zu folgen und unter einer gemeinsamen Fahne zu kämpfen schien, trug als innerste Kraft und letzten Trost seinen eigenen törichten Kindertraum im Herzen mit sich.

Hermann Hesse, *Die Morgenlandfahrt*

Das Land (denn es war zuerst hier)

Chestnut Hill – eine ungepflasterte Straße zieht sich über ihn hinweg wie eine Narbe, die nie richtig verheilte. Die Straße verläuft von Osten nach Westen, der untere Teil des Hügels fällt scharf ab und endet abrupt dort, wo ein schmaler Fluß seine natürliche Grenze bildet. Diese südliche, niedrigere Hälfte des Chestnut Hill ist offenes, gerodetes Land, in einem Ring umschlossen von Ahornbäumen, deren Saft im Februar reichlich fließt. Die westliche Begrenzung dieser sechzig Morgen bildet ein schnellfließender Forellenbach, der auf den alten

Gebietskarten als Gunn's Brook verzeichnet ist. Die östliche Grenzlinie bildet am Morgen die aufgehende Sonne (wenn man wirklich sehr früh morgens aus den Farmhausfenstern sieht), ein heller Lichtstrahl, der wie ein Finger die Silhouette des Hügels, der Felsen und der Bäume nachzieht. Die obere Hälfte des Landes scheint auf den ersten Blick brachzuliegen, aber das täuscht: das Land endet nicht dort, wo die Bäume beginnen, sondern zieht sich weiter hinein in die Wälder, höher, tiefer, hinter die klare Linie der Bäume, die in ihrer Kontur an den Haaransatz auf der Stirn eines fünfundfünfzigjährigen Mannes erinnern, Stirn, Geheimratsecken und dann das zurückgekämmte Haar, jene hohen Bäume mit vielen dünnen Armen und einer Menge nackter, gekrümmter Finger (im Winter).

Herbst: rot und braun, braune Blätter wie Träume, die sich lebendig kräuseln außerhalb deiner Reichweite und doch unter den Sohlen deiner Schuhe laut knistern

Winter: weiß und schwarz, brennende, gefrierende Hitze trokkenen Eises und das gezwungene Gleißen zu vieler Spiegel

Frühling: kaltes Wasser, angeschwollen rauschen Flüsse und Bäche halsüberkopf bergab und finden Ruhe erst viele Meilen von hier

Sommer: die Feuerzeit, Fliegen, Frühstück draußen hinterm Haus über einer offenen Flamme, der Rauch löst sich auf in der allumfassenden Sonne.

Die Gebäude

Sie stehen einander gegenüber, das Farmhaus und die Scheune. Zwischen ihnen, wie eine Linie auf irgendeinem imaginären Schlachtfeld, liegt die schmutzige Straße. Sie sind wie zwei nette alte Käuze, diese Gebäude, die jede Minute und Stunde im Leben des anderen registrieren, die Veränderungen bemerken (»Meinst du, die werden noch dazu kommen, in diesem Sommer die Löcher im Dach zu flicken?« fragt das Haus die Scheune. »Das weiß ich wirklich nicht«, antwortet die Scheune, »aber jedenfalls wird es schon mächtig zugig hier oben.«), die sorgfältig alle Einzelheiten ihrer Lebensgeschichten verzeichnen. Oder vielleicht wachen sie, diese Gebäude (aus Holz und Nägeln und Pflöcken und Balken und Fenstern, Türgewänden, Schieferdach und Teerpappendach), wie ein seltsames hermaphroditisches Ehepaar schweigend über ihre hilflosen Kinder: die Menschen, die jetzt im Farmhaus schlafen, die Tiere in der Scheune.

Oben am Ende der Treppe schläft Alex in seinem Zimmer, er keucht ruhig und rhythmisch, denn er hat nur eine Lunge und eine schwache dazu. Alex ist anfang vierzig, hat graues schulterlanges Haar und einen dünnen roten van-Dyck-Bart. Er ist ein Schotte, der 1948 bei der englischen Luftwaffe im besetzten Palästina diente. Kurz darauf kam er in die Vereinigten Staaten, heiratete, wurde Funker bei der Handelsmarine (»Dort nannte man mich ›Sparks‹«), fand seine Frau mit einem Gebrauchtwagenhändler im Bett, als er von einer Fahrt zurückkam, ließ sich scheiden und kurz darauf eines Abends unheimlich vollaufen. Mit Absicht raste er dann mit seinem Wagen gegen einen Brückenpfeiler.

»Das Letzte, woran ich mich erinnerte, war der Klang von Muzak aus den Lautsprechern, als man mich in den Operationssaal rollte. Ich dachte: ›Himmel, muß denn wirklich solche Scheißmusik sein, wenn man abkratzt?‹« Aber er überlebte, minus einer Lunge, und ging dann auf die Reise, durchstreifte in seinem umgebauten Plymouth eine Weile dieses

Land: ein kleines Bett dort, wo sonst der Beifahrersitz ist, ein Gaskocher, ein Kurzwellenempfänger, der an der Autobatterie hing und ein tragbares Radio. Dieses Radio steht jetzt auf einem Schlackenstein am Kopfende seines Bettes, das nicht mehr ist als eine Matratze auf dem Fußboden. Jeden Morgen, bevor er aufsteht, hört Alex die Nachrichten, und dann kommt er hinunter in die Küche mit kleinen interessanten Leckerbissen, den ›letzten Meldungen‹.

Ich habe euch zuerst in Alex' Zimmer geführt aus Respekt vor seinem Alter und den Dingen, die er gesehen hat und weiß, und weil er, im Gegensatz zu uns übrigen Freaks und Radikalen, besonnen ist, in sich ruhend, *gutes Karma.* Alex traf mit Marshall und den Leuten vom Nachrichtendienst in Washington, D. C., zusammen, als er in diese Stadt gefahren kam, um die Poor People's Campaign mitzumachen (erinnert ihr euch daran?), und er zog mit der ursprünglichen Gruppe auf die Farm.

Es gibt siebzehn Zimmer in diesem Haus. Es hat zwei Stockwerke und einen Boden, der in Wohnraum umgewandelt wurde. Das Farmhaus ist, wie so viele in Neu-England, der Inbegriff von Solidität, gebaut nicht nur für eine Generation oder Familie, sondern in der Absicht, Kindern, Enkeln und, wenn alles gutging, auch noch Großenkeln Heim zu sein. Aber es ging nicht gut. Fast der ganze Chestnut Hill wurde von der Ripley Familie besiedelt, die dieses große Haus ebenso wie verschiedene andere in der Umgebung erbaute. Aber die Ripley Kinder und deren Kinder zogen fort, und die Farm, das Haus und dies sechzig Morgen große Stück Land wurden verkauft, nachdem der alte Lucian Ripley, der hier ganz allein gelebt hatte, an einem Schlaganfall starb. Die Kinder waren in die Städte gegangen auf der Suche nach einem Heim, in dem man die Heizung mit einem Knopfdruck anstellen konnte, sie wollten eine Mittelklassensicherheit, die ihre Eltern ihnen als Farmer nie zu garantieren in der Lage waren. Und wir, die Kinder der Gesicherten, erheben jetzt Anspruch auf dieses Land, begierig auf die Armut, die uns hilft freizubleiben.

Linda Myers schläft. Ihre Arme hat sie fest um das Kopfkissen geschlungen. Sie träumt von der kleinen Wohnung ihrer Mutter. Linda ist die jüngste hier in der Kommune (denn damals, vor dem großen Zusammenbruch der sanitären Verhältnisse, war es noch eine Kommune, nicht die Familie, die es später wurde); sie ist siebzehn, obwohl sie manchmal jünger wirkt. Ihre Eltern sind geschieden; ihre Mutter hat sich mit einem Mann zusammengetan, den Lindy haßt (und der die Absicht hat, ihr neuer ›Vater‹ zu werden). Als sich die Möglichkeit ergab, hörte sie auf mit der Highschool, lief von Zuhause fort und zog mit uns auf die Farm. Jetzt träumt sie von einem Häuschen aus dem Märchenbuch, in dem Mutter und Vater lächelnd auf der Schwelle sie erwarten, in dem Mutter und Vater sie lieben und für sie sorgen, sie an Disziplin gewöhnen und sie leiten. Sie träumt davon, jemandes Kind zu sein, und es wird bald offenbar werden, daß diese Gruppe ihren Traum nicht erfüllen kann.

Eine Woche später wird sich Lindy in der Turners Falls Highschool einschreiben, in der Stadt, die der Farm am nächsten liegt. Alex wird den ›Onkel‹ spielen, denn man kann in diesem Land keine Highschool besuchen, wenn nicht ein Erwachsener, der erziehungsberechtigt ist, die Anmeldung übernimmt. Aber jener Traum, jenes Bedürfnis (unbewußt wie es ist) bleibt, und als offenkundig wird, daß es sich nicht erfüllen läßt, wird sie die Farm verlassen und nach Hause zu ihrer Mutter zurückkehren, nach New York City.

Die Küche wird beherrscht von einem stattlichen hellgrünen gußeisernen Herd. Ein kleines Fenster in der Herdklappe gibt den Blick frei auf ein Thermometer mit der lustigen Aufschrift ›Unser Thermometer‹. Der Herd war ein Geschenk von unserer Schwesterfarm (der Total Loss Farm), die gerade jenseits der Grenze in Vermont liegt. Er hatte mitten in einem Haufen von Müll in ihrer Scheune gelegen, als sie eingezogen waren, und da sich in ihrer Küche schon ein guter Herd, in dem man Holz brennen konnte, befand, hatten sie uns diesen gegeben.
Der Herd war bedeckt vom Ruß und Rost vieler Jahre, aber Cathy und Stevie Marsden (ein riesenhafter Junge aus Iowa – mit entsprechend großen Füßen und großem Herz) verbrachten einen ganzen Nachmittag in der Sonne des Frühherbstes mit seiner Reinigung, und bald sollte er unser liebster Freund auf der Farm sein. Auf der linken Seite ist die Feuerkammer, und die Oberfläche ist pechschwarzes Gußeisen mit vier runden Deckeln, die man mit einem ulkig geformten Griff abheben kann.
Die Küche wurde zum wahren Gemeinschaftsraum unseres Hauses. Nicht nur war sie immer der wärmste Raum, sowohl was die Temperatur betraf wie den Geist, der in ihr herrschte, sie war auch der einzige Raum, dessen Identität nie in Frage gestellt wurde. Zwei Schaukelstühle stehen an der Seite des Herdes, dort wo das Rost ist, auf das man seine Füße stellen kann, um sie zu wärmen.
Habt ihr jemals gesehen, daß man sich seine Stiefel an einem Elektroherd wärmt?

Bills Stiefel stehen stramm ausgerichtet am Fuß der Matratze, die trotz ihrer Schmalheit seinem und Lindas schlafendem Körper Platz bietet. Bill ist siebenundzwanzig Jahre alt, geboren und aufgewachsen in Nashville. Er hatte für das SNCC

(Student Nonviolent Coordinating Committee) gearbeitet, bis die Weißen rausgeschmissen wurden, dann für das SSOC (Southern Student Organizing Committee), und schließlich hatte er seine eigene radikale Untergrundzeitschrift gestartet, OFF, im Herzen des Geschäftsviertels von Nashville. Nach einer Reihe persönlicher Auseinandersetzungen ging Bill von der Zeitschrift weg und kam nach D. C., wo er sich Marshall und Ray und den anderen anschloß und half, den LNS herauszubringen.

Er hat die grünen wollenen Armeedecken hoch über seinen Kopf gezogen, so daß von ihm nicht mehr zu sehen ist als eine fließende Mähne braungrauen Haares, die seinem Hinterkopf entsprießt. Lindas burschikos kurz geschnittenen Haare liegen lose auf dem Kissen. Die letzte Nacht war ihre erste Nacht zusammen. Linda hatte schon in früheren LNS-Zeiten in New York City für Bill geschwärmt (bevor wir alle auf die Farm zogen), aber zu jener Zeit hatte Bill kein besonderes Interesse. Jetzt, nach zwei Wochen auf der Farm (und es gibt hier keine Mädchen außer Linda und Cathy, die meine Lady ist) ist Bill so scharf, daß die beiden miteinander schliefen. Zwei Abende später wird er sie und all ihr Zeug hinausschmeißen auf den Flur, nach fast unhörbarem Wortwechsel und Schluchzen, denn die geschlossenen Türen machen es unmöglich, ihren Streit mitzubekommen.

(Am Morgen darauf wird sie zu mir sagen, mit roten geschwollenen Augen: »Es war nichts, wirklich nicht, also erwähne es bitte nicht Bill gegenüber. Vergiß es, vergiß es einfach, bitte!«)

Regen und Hagel, zwei Tage hintereinander, verfrühte Anzeichen des Winters. Das Kellergeschoß des Hauses ist von einem Ende des aufgeweichten Erdbodens bis zum anderen überflutet. Drei große flache Steine bilden den Pfad zum Heizofen, einer rostigen abstrakten Metallfigur von Walter Slezak (bevor er abmagerte). Rohre kommen wie metallene Arme aus seinem fetten Bauch, und wie warme Luftfinger, die zu sein sie vortäuschen, greifen sie in die metallenen Roste im ersten Stock. Unglücklicherweise hat dieser Ofen nie gut genug funktioniert, um das ganze solide, jedoch zu weiträumige Haus zu heizen. Vielleicht war der einzige, dem dieser Ofen irgendwie nutzte, der alte Lucian Ripley; er bewohnte nur einen Raum, hielt die anderen streng verschlossen und erreichte damit, daß sein Wohnraum von dem Kohleofen hinreichend geheizt wurde. Aber von alledem werden wir erst im Herbst unseres zweiten Jahres erfahren, wenn wir die vielen kleinen elektrischen Heizöfen abschaffen, die nur die Sicherungen durchbrennen und die Elektrizitätsrechnung unbezahlbar hoch werden lassen, obwohl doch der Ofen unten jede Nacht glühend heiß wird von grünem Holz und Kohle. Dann werden wir mehrere kleinere Öfen in den Zimmern des Hauses aufstellen, die Türen offenlassen, und die gesegnete Hitze wird durch die Räume zirkulieren können.

Auf dem obersten Heuboden der dreistöckigen Scheune schläft die Zauberfee auf einer alten Scheunentür, die mit zwei Pferdedecken bedeckt ist. Sie hat sich aus Heuballen eine Hütte gebaut, ein Blockhaus mit einer Öffnung von der Höhe eines hochgestellten Ballens (vielleicht eineinhalb Meter). Um in diese Höhle hineinzukommen, muß man sich tief bücken, aber sie selbst ist ja nicht allzu groß.
Wanka, so lautet der selbstgegebene Name dieses freien Geistes, trug einen Overall und ein rotes Kopftuch, als sie Ende September auf die Farm kam. Sie hatte irgendwo in Pennsylvania auf dem Lande gelebt und durch Freunde von uns gehört.

Eine Zeitlang pflegte sie jeden Morgen bei Sonnenaufgang aufzustehen und zwei oder drei Meilen zu laufen. Sie rasierte sich nie die Beine. Mit einem Beil hackte sie kräftig Holz, hockte sich vor dem Haus nieder, um zu pissen (und das war, als unsere sanitären Anlagen noch nicht außer Betrieb waren, wohlgemerkt): ihr Gesicht, weiblich im klassischen Sinn, rund und weich, fast wie die Sonne selbst, eine Sonnenreflektion auf einem samtenen Spiegel.

»Achtet darauf, was sie tut, nicht, was sie sagt«, rief Marshall.

Die Zauberfee arbeitete sehr hart auf der Farm. Ihre Energien waren auf die Farmarbeit gerichtet, während der Rest der Gruppe meistenteils nur damit beschäftigt war, zweimal wöchentlich unseren Nachrichtendienst in alle Welt zu schikken, telephonisch herauszubekommen, was in Berkeley oder Ann Arbor schiefgelaufen war, oder mitten in der Nacht loszufahren, um eine Demonstration in Boston mitzukriegen (zweieinhalb Stunden entfernt), auf die Farm zurückzurasen, um die Story zu schreiben, sie zu drucken und sie hinunterzubringen zur Post, damit sie die Untergrund- und College-Zeitschriften im ganzen Land erreichte. Wanka lehrte uns, die dick-felligen Hunde nicht des Nachts im warmen Haus zu behalten; sie versuchte uns zu zeigen, worum es uns allen wirklich ging – Überleben –, denn das war ihre Wirklichkeit (und darin lag ihre Magie).

Die Hypotheken waren seit drei Monaten nicht abgetragen. Der Nachrichtendienst brachte nicht genug Geld, um sich selbst zu tragen (Druckkosten, Postgebühren usw.), ganz zu schweigen davon, daß er zwölf oder dreizehn Leute ernähren und eine Hypothekenbelastung von 200 Dollar im Monat aufbringen konnte. Alle persönlichen Geldquellen wurden in Anspruch genommen, und obwohl das Ergebnis ziemlich mager war, konnte doch die erste Monatsrate bezahlt werden.

Wir lebten ziemlich auf der Kippe, in jenem ersten Herbst. Niemand war sich je sicher (ha!), daß wir es überhaupt bis Weihnachten durchhalten würden. Die Wochen vergingen, und wir wußten nicht, wann das Damoklesschwert fallen würde (»Hiermit teilen wir Ihnen mit, daß die First National Bank es dem Anwalt G. Kramer übertragen hat, die Maßnahmen zur Wiederinbesitznahme einzuleiten ...«), waren verkrampft, steckten noch in Energie und Rhythmus des Stadtlebens, sahen nur wenig von dem, was Wanka uns über das Leben auf dem Lande zu zeigen und zu lehren hatte.

Das Mädchen, das dort oben auf dem Heuboden schlief, war aufgewachsen in Greenwich, Connecticut. Ihr Vater ist ein Elektro-Ingenieur, der fast zehn Jahre für 40 000 Dollar jährlich im Auftrage einer kalifornischen Aktiengesellschaft in Südostasien gearbeitet hatte. Wanka studierte Kunst und graduierte am Pratt Institute in New York City. Sie ist dreiundzwanzig.

Wankas Vater war in den neuneinhalb Jahren, die er im Ausland arbeitete, nur zweimal zu Hause in Connecticut. Ihre Mutter wartet in Greenwich auf den nächsten Besuch ihres Mannes und rätselt über die (für sie unerkennbaren) Momente im Leben ihrer Tochter.

Von der Stelle, wo sich Haus und Scheune die Hände halten, geht ein Weg hinunter zu einem kleinen hölzernen Gebäude, der Garage. Vor diesem Bauwerk ist ein grobes Stück Zement, auf dem früher zwei Benzinpumpen standen. Innen besteht der Boden der Garage ebenfalls aus Zement, obwohl das nicht immer so war. In unserer ersten Woche auf der Farm verbrachten Marshall und Lazarus zwei Tage damit, die

Garage mit Zement auszugießen, damit wir dort unsere Offset-Druckmaschine aufstellen konnten. So wurde aus der Garage unsere ›Druckerei‹, in der nicht nur die Druckmaschine stand, sondern auch eine seltsame vertikal sich bewegende Maschine, die alle 21 × 27 cm großen Seiten für jede Postsendung des Liberation News Service kollationierte. Wir hatten eine große Doppeltür auf Böcke gestellt und standen alle um sie herum, bewaffnet mit Heftern und Stempeln und Adressenzetteln (*East Village Other, Old Mole, Great Speckled Bird, L. A. Free Press,* fünfhundert Untergrund-Zeitschriften so wie radikale und College-Zeitungen); die Sendungen Nr. 100 bis 140 des Liberation News Service of the New Age wurden in dieser alten Garage produziert. Aber wir entfernten uns immer mehr davon, kamen weg von den Nachrichten über Kriegsdienstverweigerung, weg von den Artikeln über Geburtenkontrolle, Abbie Hoffman in Chicago und die Poesie der ›Revolution‹, weg von den kurzen Nachrichten aus den regulären Pressediensten, die wir korrigierten – die Zeit wurde uns in jener Garage fremd und die Dinge, die wir jenen zu sagen hatten, die wir verlassen hatten:

Und muß ich euch von jener Nacht erzählen, da ich beschloß, sie niederzubrennen, diese Garage mit den Maschinen und den bedruckten Seiten, die postfertig darauf warteten, abgeschickt zu werden? Mit dem Reinigungsmittel (90% Alkohol zum Säubern der Druckpresse) würde es leicht sein, all die hölzernen Wände und das Dach anzuzünden, drei Uhr morgens, eine brennende Zigarette, in ein paar alte Lumpen geworfen – wer würde es je herausbekommen?

Aber würde es uns helfen? Würde das niedergebrannte Gebäude helfen, jene Widersprüche und Spannungen (»Die Paradoxien, die einen töten«) zu lösen, die mich verrückt machten? Würde dadurch dem LNS ein Ende gemacht wer-

den, jener so schlecht ausbalancierten Schaukel zwischen einem neuen Anfang aus dem Nichts und andererseits dem Versuch, weiterhin ›am Ball zu bleiben‹, der all das alte Todeskarma mit uns in die Berge brachte – und uns damit fertigzumachen drohte.
Ich brannte in jener Nacht die Garage nicht nieder, noch in irgendeiner anderen. Ich adressierte alle Sendungen und legte mich dann schlafen, gerade als die Sonne aufging.
Schließlich schuf sich Tom Fels, der in der Plumpsklo-Ära kam, in der einen Hälfte der Garage Platz zum Wohnen. Die andere Hälfte ist Aufbewahrungsort geblieben für eine abgenutzte A. B. Dick Offset-Maschine (›Die Vervielfältigungsmaschine mit der College Erziehung‹) und ihre Helfershelfer, der Kollator, zwei angebrochene Packen Papier, viele alte Ausgaben des LNS, mehrere Flaschen gefrorener Druckerschwärze und eine halbgefüllte Flasche Reinigungsmittel.

In diesem Zimmer, während ich hier sitze und diese Worte niederschreibe (oder sollte es déjà vu vor Morgengrauen sein?), liegt Cathy schlafend in dem großen Doppelbett. Sie ist sechsundzwanzig Jahre alt. Seit fast zweieinhalb Jahren leben wir zusammen; schließlich aber werden wir, nicht in der Lage, ein konventionelles Mann-und-Frau-Verhältnis weiterzuführen, uns voneinander trennen. Aber in jenem Zeitabschnitt, der bekannt ist als ›Vor dem großen Zusammenbruch der sanitären Verhältnisse‹, leben sie und ich zusammen in einem Zimmer, teilen wir ein Leben.
Cathy arbeitete bei der Columbia University Press, als ich dort studierte. Sie hatte sich gerade von ihrem Mann, einem Produktionsassistenten vom Fernsehen, getrennt, als wir einander begegneten. Ich arbeitete für den Liberation News Service, für Gott, Vaterland und die Revolution, sie für 140

Dollar die Woche und die Universität. Zusammen verließen wir New York, als sich der LNS spaltete und unsere Gruppe auf die Farm zog.

Cathy ist die wunderschöne amerikanische Zigeunerlady; ihre Haut ist weiß wie das köstliche Fruchtfleisch eines Washington-State-Apfels (ihre Heimat, der Nordwesten am Pazifik); ihre Haare, dunkelbraun, sind wie die verwitterte Seite der Scheune, dick wie die Schwanzhaare von Dolly, der Kuh; ihre Füße groß und breit. Sie besuchte drei Jahre lang die Universität von Washington, heiratete mit zwanzig. Drei Jahre später, in New York und allein, machte sie einen gewaltigen Schritt ins Ungewisse, trennte sich von ihrem Mann (»Also«, sagt sie, »ich wachte einfach auf und es wurde mir klar, daß ich mich mit vierzig nicht dort befinden wollte, wo er sein würde.«) und begann wieder unten auf der Leiter mit einer Rückkehr zu einer gewissen Jugendlichkeit, die verlorengegangen war beim zu schnellen Erwachsenwerden.

Sie ist Skorpion und besitzt die ganze Stärke, die den Menschen des Nordwestens angeboren ist: sie rührt her von einer Kenntnis des Raumes, die jene von uns aus dem Osten kaum besitzen. Ihre Augen sind hell und klar. Letzte Woche gewann sie auf der Landwirtschaftsausstellung den dritten Preis für ihr eingelegtes Gemüse (die besten Brot-und-Butter-Pickles meilenweit). Am Ende des Buches wird sie schwanger werden und als erste auf dieser Farm ein Kind bekommen. Aber das ist bis jetzt noch nicht soweit, und ich glaube, ich kann euch wirklich nicht erzählen, wie es sein wird, solange es noch nicht soweit ist.

Die Tür zu Marshalls Schlafzimmer steht offen; die nackte Glühbirne brennt noch, hängt allein von der Decke herab, wie sie es jede Nacht zu tun pflegt. Marshall schläft nackt, sein

knochiger Körper bedeckt von der groben indianischen Decke, die er vor ein paar Jahren in Taos mitgenommen hat. Marshall schläft immer bei brennendem Licht, nicht aus Furcht vor der Dunkelheit (denn dieser Mann ist furchtlos), sondern um die Batterien seiner psychischen Energie wieder aufzuladen, während er schläft. Oder vielleicht ist das Licht immer an, damit er jederzeit, ob bei Nacht oder Tag, aufwachen und sofort aktiv werden, irgendeine Idee oder einen Einfall niederschreiben kann in das schwarze Buch mit den losen Blättern, das niemals von seiner Seite weicht. In dem Notizbuch stehen Adressen und Telephonnummern von Radikalen, Journalisten, Freunden im ganzen Land. In ihm macht sich Marshall auch Anmerkungen für ein Magazin, das er nie herausbringen wird, das *Journal of the New Age.* Neben seiner Matratze liegen viele Zeitschriften, Untergrund- Zeitungen, alte Nummern des *Wall Street Journal* und von *Fortune* (Marshall hat an der London School of Economics studiert), durch die er sich hastig hindurcharbeitet wie eine Maus auf der Suche nach einem Stück Käse, das sie verlegt hat, ein Haufen Bücher über so verschiedene Themen wie die Geschichte des westlichen New-England, Frosts Briefe, ein Buch über den neuen Radikalismus von Christopher Lasch (in dem ein Stück Papier steckt, auf dem in Marshalls unverkennbarer Handschrift steht: »muß besprochen werden«) und das immer anwesende, abgegriffene Exemplar von Gandhis *Autobiographie.* Unter diesem Haufen liegt Marshalls *djelaba,* ein schweres schwarzes marokkanisches Gewand, in einem Haufen zusammengeknüllt. Marshall Bloom ist vierundzwanzig Jahre alt. Er ist der elektrische Strom, der diese Gruppe antreibt, diese Gruppe von Kommunarden, Radikalen, verführten, irregeleiteten Personen, Hippie-Freaks, wie Sie sie nennen wollen, verehrte Leser:
Halten wir einen Moment inne, um diese Worte niederzu-

schreiben, in dem Versuch, die Zeit festzuhalten, euch einen flüchtigen Eindruck zu geben, Schnappschüsse, kurze Einblicke in das Land und alles um mich herum, das sich verändert, die Leute, der Ort, alles bewegt sich schnell, dehnt sich aus – das Auge beim Versuch, das Unmögliche zu erreichen, das reine Licht einzufangen.

Hinter dem Haus ist ein bestimmter Bereich, den man wohl als ›Hof‹ bezeichnen könnte. Er ist leicht verunziert von einer Menge Holzklötzen, einer alten Waschmaschine, die nie funktionierte, einer Bandsäge, die so verrostet ist von Jahren draußen im Regen, daß sie sich nicht einen Millimeter bewegt, wenn man versucht, sie mit der Handfläche zu drehen. Ein Stück weiter drinnen in der Lichtung haben wir eine tiefe Grube gegraben, um Müll zu verbrennen. Mit ihr hängt meine früheste Erinnerung an unseren ersten Tag hier zusammen. Als ich die Grube schaufelte, sah ich zufällig einmal nach oben, und mein Blick wurde sofort festgehalten von dem marmorschwarzen Perlenauge eines Fuchses, der in einer Kiefer festsaß. Einen Sekundenbruchteil später hatte sich mein Auge eingestellt und erkannte, daß der Körper des Fuchses um einen kleinen Zweig des Baumes herumgewickelt war, sein Fell von der Farbe eines hellbraunen Holzstocks, der noch zu feucht ist zum Verbrennen. Bei näherer Betrachtung konnte ich sehen, daß der Fuchs tot war, sein Kopf eingekeilt in der Hauptgabel des dünnen Kiefernastes: wie mag er dorthin gekommen sein? Ich fuhr fort, das Loch zu schaufeln, verstand nicht das Zeichen des toten Fuchses auf dem Ast des Baumes. Mehrere Wochen später, als ich Papier in der Grube hinter dem Haus verbrenne, bemerke ich, daß der Fuchsleib, der um den Baum gewickelt war, fort ist. (Ist er in ein weiches Grab später Herbstblätter gefallen?)

Und halten wir einen Moment inne, um jene Magie einzufangen:
In dem Haus sind noch andere, auch sie schlafen. Bald werden sie erwachen, einer nach dem anderen, und ihr werdet sie in der Küche treffen.

2. Ein Tag mitten im Nirgendwo

> In einem Gewirr von Felsen wählte ich mir einen Platz –
> Vogel-Pfade, aber keine Wege für Menschen.
> Was ist jenseits des Hofs?
> Weiße Wolken, die sich an vage Felsumrisse schmiegen.
> Jetzt habe ich hier gelebt – wie viele Jahre –
> wieder und wieder vergehen Frühling und Winter.
> Geh, sag Familien mit Tafelsilber und Autos
> »Was ist der Nutzen all des Lärms und Geldes?«
>
> Gary Snyder, *Cold Mountain Poems*

Vormittag: Alex begrüßt mich mit einem Grinsen, als ich in die Küche komme. Es ist vielleicht neun Uhr dreißig oder zehn Uhr morgens. Er arbeitet fieberhaft an seinem Coleman-Gaskocher, pumpt mit einem kleinen Griff hin und her, um damit den Gasdruck in dem kleinen eisernen Behälter unter dem metallenen Rost zu steigern. Ich sehe ihm einige Minuten zu.

»Aha! Jetzt hat es geklappt«, ruft er aus und setzt seinen kleinen Teekessel auf den Kocher. Das Feuer in dem schwarzen gußeisernen Kochherd geht aus, das Holz ist zu feucht. Große Wolken wogenden Rauches steigen aus dem Herd empor, und als ich eine Platte hebe, ist die Decke der Küche von dem grauen Zeug vernebelt. Wir haben zwei elektrische Kochplatten auf dem Arbeitstisch in der Küche in Betrieb, denn noch müssen wir es lernen, mit dem holzfressenden Kochherd umzugehen. (»Luft ist das Geheimnis«, sagt der Feuer-Doktor.) Ich durchquere die Küche, die leer ist bis auf Alex, obwohl Anzeichen dafür da sind, daß schon andere vor mir aufgestanden sind (mehrere Teller auf dem Tisch, die noch halb mit Haferflocken gefüllt sind). Im Badezimmer starre ich mich selbst einen Augenblick im Spiegel an und setze mich dann auf die Klobrille und sehe aus dem Fenster hinaus, das zum Hinterhof führt. Wanka und Dave zerhacken einen kleinen Baum, befreien ihn zuerst von seinen dünnen Ästen und Zweigen. Sie sieht mich durch das Badezimmerfenster und winkt, ich winke zurück. Mir ist es ein wenig peinlich, und ich wünsche vielleicht, es möge ein Vorhang vor der Scheibe sein.

Dann kommen die beiden von draußen herein. Sie schwitzen, haben rote Gesichter. Wanka nimmt eine Tasse und füllt sie unter dem Wasserhahn. Dave setzt sich neben mich an den Tisch und schenkt sich eine Tasse Kaffee ein. Er ist aus Iowa und wie seine Lady, Alice Turnipseed, sechsundzwanzig Jahre alt. Beide kamen zusammen aus Iowa City, wo Dave eine Zeitung herausgegeben hatte, *Middle Earth;* er und Alice hatten in einem alten Farmhaus außerhalb der Stadt gelebt, auf einem Stück gepachteten Landes, auf dem nichts anderes wachsen wollte als ein paar metallisch schmeckende Zwiebeln. Alice und Dave hatten auf ihrer Reise quer durchs Land ihre zehn Katzen mitgebracht, auf dem Rücksitz ihres ramponierten VWs; Haile Selassie, Guinevere, Arthur, Cuchulain, Friedrich der Große, alle ihre Katzen hatten hochherrschaftliche Namen, waren aber nur faule Nichtsnutze, fingen nie eine Maus oder Ratte, wie es wahrscheinlich auch in der Natur königlicher Hoheiten liegt. Marshall hatte Dave und Alice auf einer seiner vielen Reisen durch die Staaten getroffen, auf denen er die Zeitungen besuchte, die den LNS abonniert hatten. Als er hörte, daß Dave *Middle Earth* jemandem anders

überlassen hatte, lud er die beiden ein, doch zu uns zu kommen.
Die Tür der Küche, die hinausführt in den Werkraum und den hinteren Teil des Hauses (des ursprünglichen Hauses, wo Dave und Alice wohnen), quietscht jetzt laut, als sie geöffnet wird. Alice Turnipseed höchstpersönlich kommt herein, das Gesicht unheimlich verquollen. Aber man bemerkt ihr Gesicht sowieso nicht, bevor sich die Augen von dem Schock erholt haben, den sie beim Anblick ihres grellen elektrisch-orangenen Bademantels erleiden. Dieses Gewand, das bei jeder Bewegung von Alices molligem Körper schimmert und blitzt, haben ihr Mad John und Alex zum Geburtstag geschenkt. Langsam geht sie auf das Badezimmer zu, offensichtlich schlafwandelnd, dann bleibt sie aber plötzlich auf der Schwelle zum Klo abrupt stehen: »Sind alle fertig mit dem Badezimmer?«, fragt sie jeden Morgen in demselben Tonfall.
»Warum? Willst du es in die Luft sprengen?« fragt Dave gutgelaunt. Lautes Gelächter in der Küche, und Alice knallt die Tür hinter sich zu. Der Tag hat offiziell begonnen.
Marshall kommt herunter aus seinem Zimmer. Er trägt eine Anzugjacke, ein sauberes weißes Hemd und einen dunklen Geckenschlips, der ihm über der Schulter hängt. Er bereitet sich auf eine Schlacht mit der spießigen Welt vor: diesmal wird es ein Scharmützel sein mit dem höchsten Postbeamten der Stadt. Es geht darum, den Nachrichtendienst als Postsache dritter Klasse verschicken zu dürfen (billiger als zweiter Klasse). Er geht ins Badezimmer und hält seinen Kopf unter den Wasserhahn, bis seine Haare triefendnaß sind und glänzen. Dann versucht er, sie niederzubürsten, aber ihre Widerborstigkeit macht alle seine Versuche zunichte. In der rechten Hand hält er einen Stapel Papiere und sein schwarzes Lose-Blatt-Notizbuch. Er blickt sich schnell in der Küche um, die sprung-

haften Bewegungen seiner Augen spiegeln die ähnlich schnelle Tätigkeit wider, die sein Geist leistet.

»Gehst du zur Bank?«

»Nee, muß zum Postmeister. Wieder solche *shmaze.*« *Shmaze* ist Marshalls Wort für alle komplizierten Sachen, die ihn nerven. In diesem Fall wird es sich um das Ausfüllen einer Reihe von Formularen handeln und um ein oder zwei Gespräche mit höheren Postbeamten, Dinge, die Bloom alle gemeistert hat. Freunde ziehen ihn ständig damit auf, daß er ein Finanzgenie sei: »Also, wenn er den normalen Weg eingeschlagen hätte, dann wäre Marshall heute bestimmt ein berühmter Industriemagnat!« oder wenn ihm das nicht gelungen wäre, so doch zumindest ein Betriebswirtschaftsgelehrter – einer von jenen, bei denen sich Stärke und Energie mit dem Wunsch, auch außerhalb und jenseits des Klassenzimmers und der Hörsäle erfolgreich zu sein, mischen. Aber die Zeiten waren eben uns allen nicht wohlgesonnen.

Ich glaube, Marshall machten die Auseinandersetzungen mit den Leuten Spaß, die das meiste von dem repräsentierten, wovor wir alle davonliefen. Ich glaube, er ging mit ihnen wie ein richtiger Profi um: wenn dieser *unglaubliche Freak* (wie einmal ein Zeitungsreporter Bloom nannte) sich jemals entscheiden würde, ›normal‹ zu werden und eine Position anzunehmen, wie sie sie innehatten, dann würde er sie doppelt so brillant ausüben, wie sie es von sich in den kühnsten Träumen erhofften. Marshall liebte es, sie zu irritieren und ihre Denkweise umzupolen, sie neu zu arrangieren wie ihre Akten, Protokolle, Formulare (die überaus wertvollen); er war ein Meister des ›psychischen Jiujitsu‹, und es machte ihm am meisten Spaß, mit denen umzugehen, die absolut nicht auf seinem Trip waren.

»Es ist so ein Mist«, sagt Marshall.

»Was?« frage ich ihn.
»Daß ich losgehen und mich mit solchen Leuten rumschlagen muß«, antwortet er und geht aus der Tür.

Mittag: Der Postbote hupt, sein Chevrolet, neuestes Modell, läuft vor dem Haus im Leerlauf. Stevie Marsden, der Junge von 1,90 m aus Iowa, geht hinaus, um die Post zu holen. Mars studiert am New College, einem von diesen progressiven Dingern in Florida. Er wird die Farm verlassen müssen, sobald der Herbst den Beginn eines neuen Semesters anzeigt. Aber jetzt lehnt Marsden am Wagen des Postboten, mit ausgestreckten Armen, auf denen die zusammengerollten Zeitungen liegen wie ein Haufen Holzstücke aus dem Schuppen. Oben auf die Zeitungen legt der Postbote vorsichtig alle Briefe, die Postsachen erster Klasse. Einen Augenblick später liegt das ganze Zeug ausgebreitet auf dem Küchentisch. Die meisten Briefe enthalten Rechnungen, an zweiter Stelle rangieren Pressemitteilungen von P. R. Leuten und cleveren Firmen, die diesen oder jenen neuen Stil von Hosenschnitt anbieten oder eine kürzlich erschienene Platte und dergleichen, Biographien unbekannter Rockstars mit Hochglanzphotos (›geeignet für die Offset-Reproduktion‹) in der Hoffnung, daß wir etwas von dem Material in den Nachrichtendienst aufnehmen – was wir niemals tun. Außerdem bekamen wir die *Peking Rundschau* mit der Post (vor dem großen Zusammenbruch der sanitären Anlagen), das *Wall Street Journal* und die *New York Times.* Von den dreien ist die letzte am besten zum Feuermachen, während die erste, da sie aus äußerst leichtem Papier besteht, besonders nützlich ist, wenn das Toilettenpapier ausgeht.
Bill und Al kommen aus der Druckerei-Garage, die sie angesichts des bevorstehenden Winters wetterbeständig zu machen versuchen. Ihre Arbeit geht nur langsam voran. Bill durch-

sucht den Stapel Papier auf dem Tisch, und Al sagt mit tiefer Stimme: »Hab' ich heute was?«. Alex antwortet, nein, hast du nicht. Ach Scheiß'.
Bill blättert eine Ausgabe des *Great Speckled Bird* durch, einer guten Untergrund-Zeitung aus Atlanta. Er versucht ein Bild darüber zu gewinnen, wie die Dinge stehen, welcher seiner Freunde wegen Widerstand gegen den Einberufungsbefehl Schwierigkeiten hat oder welchen die Bullen mit Stoff geschnappt haben. Bill streicht beim Lesen glättend über sein langes Haar. Er ist groß und hager, sieht aus wie ein alter Lebemann, was er bis zu einem bestimmten Grade auch ist. Seine Nase ist schmal und gerade, und er trägt einen dicken Lenkstangenschnurrbart; er erinnert mich an einen jener Lastwagenfahrer aus Tennessee, die Amerikas Frachten durch die Nacht transportieren, während ihnen Merle-Haggard-Musik aus dem Autoradio entgegenbrüllt und sie (geradezu klassisch) Bennies einwerfen und mit Coke hinterherspülen – ein Image, das Bill offensichtlich gut gefällt. Er ist ein entferntes Mitglied des *Karass,* oder wie Marshall in seinem Tagebuch schrieb: »Ein echter Meschuggener«. Irre.
Al dagegen ist nur Besucher. Er ist vorübergehend da, verbringt ein bißchen Zeit damit, Ellbogen an Ellbogen mit den Freaks zu leben. Er ist in Virginia aufgewachsen, ging im Norden auf eine Privatschule und graduierte dann in Yale. Danach ging er nach New York und lehrte an einer Volksschule. Schließlich fing er an, für den LNS zu arbeiten. Ich schätze, mir liegt nicht viel an Al, denn mir scheint, er sieht seinen ganzen Aufenthalt hier nur als ein ›Stadium‹, das er durchmachen oder aus dem er einfach aussteigen wird, wenn es zu anstrengend sein sollte.

Nachmittag: Alex fährt nach Springfield, um ein paar Kartons

Druckpapier zu holen für die nächste Ausgabe des Nachrichtendienstes. Mittagessen gibt es nicht. Jeder sorgt da für sich selbst, im Gegensatz zum Abendessen, zu dem sich alle an einen Tisch setzen. Es ist etwas alter Thunfisch im Eisschrank und ein bißchen ›Plastik-Brot‹. Zu diesem Zeitpunkt backt noch niemand Brot, und fast alle Nahrungsmittel werden im Laden eingekauft.
Die Scheibenwischer an unserem Wagen tun's nicht mehr. Der Wischermotor, der wirklich sehr schwer auszubauen ist, wie ich entdecke, hat gerade sein Leben ausgehaucht. Muß zum Schrottplatz fahren und einen ›neuen‹ besorgen, wobei ›neu‹ natürlich bedeutet, daß er aus einem verschrotteten 58er Chevrolet Kombi stammen wird. Unser ist allgemein unter dem Namen ›Wildebiest‹ bekannt. Er ist zweifarbig, braun, mit einem fetten, breiten weißen Streifen in der Mitte.
Vor zwei Jahren, als ich noch in New York auf dem College war, blieb ich einmal in der Drehtür des Rockefeller Centers stecken, zusammen mit zwei fettgepolsterten deutschen Damen, deren Specknacken sorgfältig verdeckt waren von Fuchskragen. Sie hatten zweifellos ihre Gesandtschaft besucht, die sich im dreiundfünfzigsten Stockwerk des Gebäudes befand. Ich schätze, sie waren nicht darauf vorbereitet, zusammen mit einem bärtigen Jugendlichen mit einer wilden Haarmatte in der Drehtür steckenzubleiben. Eine der beiden kreischte in jenem Augenblick panischer Platzangst gellend: »Aaaaaaaaah! Das ist das Wildebiest!« und zeigte voller Horror auf mich. So bekam unser Wagen seinen Namen. Und er war ganz bestimmt ein Lasttier. Er schleppte Holz und Vorräte aus dem nahen Greenfield heran, Zentnersäcke mit Getreide, braunem Reis oder Mehl, trug Stapel und Stapel von Sendungen des Nachrichtendienstes zum Postamt, brachte uns alle hinunter nach Washington, D. C., und das ohne Auspuff,

schaffte es die unpassierbare Straße hinauf zur Total Loss Farm während der Matschzeit: das gute alte Wildebiest hatte seine ganz spezielle ureigene Mythologie.
Ich kaufte Wildebiest zwei Monate, bevor sich der LNS spaltete und wir auf die Farm zogen. Der Typ, der ihn mir verkaufte, sagte: »Wir sollten verdammt nochmal schleunigst aus Vietnam verschwinden! Mann, zwanzig von diesen *schlitzäugigen Hunden* sind nicht einen von unsren Jungs wert.« Ich bezahlte ihm 250 Dollar in bar, Geld, das ich aus dem National Defense Education Act bekommen hatte, um meine Studiengebühren für das Sommersemester an der Columbia Universität zu bezahlen. Aber ich gab mein Studium auf, einen Sommer vor meinem Examen, und ein Wagen war gut als Schleudersitz, der mich wegkatapultierte von der Upper West Side. Das war 1968.
Ich fahre den Hügel hinunter mit dem Biest. Zuerst vorbei am Haus vom alten Jesse, einem massiven Gebäude unten an der Hauptstraße. Er sitzt draußen vor seinem Haus, eine kalte Zigarre im Mund zwischen den wenigen Zähnen, die ihm noch geblieben sind. Seine Overalls sind verwaschen hellblau, das Ergebnis von ein paar Jahrzehnten Tragen. Old Jesse macht sich einen gemütlichen Herbstnachmittag; vor seiner Tür steht ein Holzhaufen, der ihn gut durch den Winter bringen wird, bis zum Februar. Old Jesse (den wir auch Forellenfischer Jesse nennen, um ihn zu unterscheiden vom jungen Jesse, der zu uns auf die Farm kam) ist über siebzig. Er war fast sein ganzes Leben lang Holzfäller und Waldarbeiter, aber jetzt hat er seine Rente und kümmert sich nebenbei für ein wenig Extrageld um zwei Friedhöfe in der Nähe. Er hat einen alten Hund mit einem Karbunkel über dem rechten Auge, weswegen er nur noch mit dem linken sehen kann. Forellenfischer Jesse, das ist ›der alte Mann und die Wälder‹. Er ist schwerhörig und sitzt im

Sommer gern im Schatten. (Außerdem hat er mir gesagt, in welchem Teil des Baches man die wirklich großen findet.)

Jake Rau gehört der Autofriedhof auf der Straße nach Turners Falls, einer kleinen industrialisierten Massachusetts-Stadt ein paar Meilen von der Farm entfernt. Jakes Bruder Ralph leitet die Sunoco-Tankstelle in Montague Center. Der Autofriedhof befindet sich auf einem Stück Land gleich neben dem Haus, wo Jake und seine Familie wohnen. Er ist ein vierschrötiger Bursche von vielleicht achtunddreißig, eine grauhaarige Ausgabe von Rod Steiger.

Der Autofriedhof liegt abseits der Hauptstraße. Man fährt unter einer Hochspannungsleitung hindurch, die den Wald durchschneidet wie ein Messer ein Stück Butter. Als ich auf den Platz fahre, sehe ich, daß Jake und mehrere andere Männer um ein offenes Feuer herumstehen, über dem ein Zweihundert-Liter-Kessel hängt. Jakes Kran läßt langsam ein Kabel ab, an dessen Ende ein geschlachtetes Schwein an den Füßen aufgehängt baumelt. Es taucht in das kochende Wasser. Zwei Männer auf jeder Seite schaben Borsten und Haare vom Schweinerücken, und das Blut läuft aus einem Schlitz am Hals des Tieres. Ich habe noch nie beim Schlachten eines Tieres zugesehen, und dort mitten auf dem verschneiten Feld voller Autoknochen und -gerippe ist es ein erstaunlicher Anblick. (Eineinhalb Jahre später werden wir auch ein Schwein haben und es auf dieselbe Weise schlachten müssen.)

Ich frage Jake, ob er irgendwelche Wischermotoren hat, und er schickt mich an das andere Ende des Platzes, wo ich noch einen 58er Chevy Kombi finde. Ich baue den Motor mit Hilfe eines Phillips Schraubenzieher aus und bringe ihn zurück an den Eingang des Platzes, wo die Männer jetzt die Schinken abhakken, während Jake zuschaut und eine Camel dabei raucht. Ich überlege, ob er mir ein paar Tage Kredit geben wird.

»Nur bis Freitag, würde das gehen?«
Jake sieht mich prüfend an, er kennt mich, ich bin schon ein paarmal dagewesen, aber ich habe noch nie um Kredit gebeten. Er weiß, daß ich mit einer Gruppe anderer Leute oben auf dem alten Ripley-Hof wohne. Er weiß außerdem, wie es ist, arm zu sein, also sagt er, ernsthaft: »Schon gut, bring mir das Geld am Freitag.« Er geht das Risiko ein, es sind schließlich fünf Dollar. Ich sorge dafür, daß er sein Geld am nächsten Freitag bekommt.
So fing es an mit den Leuten aus der Stadt.

Abend: Alle sitzen um den langen Küchentisch herum. Das elektrische Licht von der Decke beleuchtet eine Platte mit gebratenen Hot Dogs und eine Schüssel Bohnen aus dem Laden. In jenen Anfangstagen kauften wir alle unsere Nahrungsmittel im Laden, gewöhnlich alle zwei Tage. Die Küche hatte gerade erst begonnen, sich zum wahren Zentrum des Hauses zu entwickeln, und als das entschieden war, sollte alles ganz anders werden: Kerosinlampen sollten an die Stelle der von der Decke baumelnden Birnen treten, Schüsseln mit Kürbis und braunem Reis sollten dort stehen, selbstgebackenes Brot und frisch aufgebrühter Kaffee, die irrsten Pasteten und Kuchen, selbstgebackene Dessertgenüsse, aber all das gute Zeug kam erst eine ganze Zeit nach dem sanitären Zusammenbruch auf den Tisch.
Marshall spricht mit John über seinen Tag mit dem Postmeister. Laz und Alex spinnen von der Schaluppe, die sich Alex von seiner Erbschaft kaufen will (»When my ship comes in« – Anspielung auf den Titel eines Liedes von Bob Dylan) und wie sie dann in fremde Häfen segeln werden mit Alex als Kapitän und Laz als seinem talentierten ersten Maat. Dave liest Trotzkis *Geschichte der russischen Revolution,* und von der

Spitze seines roten Bartes träufeln Tropfen grüner Erbsensuppe. Er bemerkt es nicht, bis einer mitten auf der Seite landet, die er gerade liest. Er lächelt, wischt Buch und Bart ab, und macht dann weiter, Löffel in den Mund, Augen auf das Buch.

Wanka verkündet, daß sie es zum Kotzen satt hat, die Berge von schmutzigen Tellern, Gläsern und Bestecken, die sich im Waschbecken türmen, sehen und abwaschen zu müssen.

»Ich finde, jeder sollte nur eine einzige Schüssel haben und eine Tasse und einen Löffel. Dann wird jeder von uns für sein eigenes Geschirr verantwortlich sein. Jedesmal, wenn ich eine Tasse Wasser trinken will, ist absolut nichts sauber, und das bleibt so, bis die Frauen aufgewaschen haben.« Die individuellen Gespräche am Tisch verstummen: aller Aufmerksamkeit richtet sich auf das Problem, mit dem die Gruppe konfrontiert wird. Es ist wahr. Das Geschirr türmt sich gewöhnlich meterhoch. Keiner der Männer wäscht je Geschirr ab, und kochen tun sie auch kaum. Cathy, Wanka, Alice und Linda tun die meiste Arbeit (obwohl die beiden letzteren wenig Interesse an Küchenarbeit haben). Und wir haben eine verdammt große Menge von Geschirr. Cathy und ich haben ein ganzes Sortiment aus unserer Wohnung in New York mitgebracht, ebenso Dave und Alice aus ihrem Haus in Iowa City.

Geschirr, und wer es abwäscht, das ist anfangs wirklich ein großes Problem für jede Kommune, ob man es glaubt oder nicht. Feste Pläne, wer wann die Arbeit erledigen sollte, waren einfach unmöglich aufzustellen, wie wir herausfanden. Wir versuchten es eine Weile, hefteten einen Plan an die Küchenwand, aber die Eigenheiten des individuellen Tagesablaufs waren so verschieden, daß jeder an dem Tag, an dem er eigentlich dran gewesen wäre, einfach nicht da war, um seiner Verpflichtung nachzukommen. Überdies meinten einige von

uns, besonders Cathy, derartige Regeln seien nicht zu vereinbaren mit dem Lebensstil, den wir zu erreichen versuchten.
Für kurze Zeit wurde das Problem gelöst, indem so viele Teller, Tassen, Löffel, Schüsseln usw. wie möglich versteckt wurden, so daß wirklich nur noch je ein Exemplar pro Mann vorhanden war; schließlich aber verbrachten Cathy und Wanka gut einen Nachmittag damit, das Geschirr gegen die alte Steinmauer hinter dem Haus zu schmettern. Dadurch verringerten sie die Gesamtanzahl auf das Lebensnotwendigste. Zu viel von allem, das ist die Schwierigkeit.

Nachtzeit: Die Temperatur ist stark gesunken, obwohl wir erst Anfang November schreiben. Und wir sind alles Leute aus der Stadt, ebensowenig an diese Art Kälte gewöhnt wie daran, einsam und verlassen in der Einöde zu wohnen.
Die Aktivitäten am Abend bestehen gewöhnlich darin, nach dem Essen am Tisch zu sitzen, Scheiß zu quatschen und stoned zu werden. Wenn es eine Produktionsnacht ist und wir die Postsendungen bis acht Uhr am nächsten Morgen raus haben müssen (ich kann mich nicht daran erinnern, wie oft wir es eigentlich rechtzeitig geschafft haben), dann wird nicht gemeinsam gegessen. Einige essen, während andere die endgültigen Matrizen tippen oder Korrektur lesen; gedruckt wird erst sehr spät, nur die beiden, die tatsächlich die kleine Druckmaschine bedienen können, Johnny Wilton oder Steve Marsden, werden aufbleiben und bis Sonnenaufgang die Maschine überwachen.
Aber heute nacht wird nicht produziert: heute ist die erste Novemberwoche 1968, und ein Präsident der Vereinigten Staaten wird gewählt, und die Wahl wird im ganzen Land vom Fernsehen übertragen. Natürlich hatten wir in jenen frühen Tagen einen Fernsehapparat (schließlich handelt es sich dabei

um eine »internationale Nachrichtenagentur«), und jetzt versammeln sich alle im Wohnzimmer, um die Wahlergebnisse mitzubekommen.
Im Wohnzimmer ist ein breites Erkerfenster. Drei Seiten Doppelfenster mit einem breiten weißen Rahmen rundherum. Jetzt, bei Nacht, kann ich das Schimmern des Mondlichts sehen, das sich auf dem Schieferdach der Scheune widerspiegelt. Zwei Bäume stehen vor dem Haus, aber es ist Herbst, und sie haben keine Blätter: deutlich ist das Skelett ihrer kahlen Zweige in der Dunkelheit zu erkennen. Ich versuche mir vorzustellen, wie es aussieht, wenn man von draußen hereinsieht, das kühle graublaue Licht des Fernsehschirms, das unsere Gesichter in weißes Neon badet. Aber niemand fährt heute nacht an dem Haus der Hippies vorüber: alle sind zu Hause wie wir auch, sehen sich die Wahlsendungen im Fernsehen an. Oft des Nachts jedoch fahren ein, zwei Wagen vorbei, und sie werden langsamer, je nachdem wie mutig sich ihre Fahrer fühlen, und die Köpfe verrenken sich bei dem Versuch, einen Blick zu erhaschen, was wohl dort oben auf dem Chestnut Hill vorgeht, ›in der Kommune‹. Aber nicht heute abend, wie ich schon sagte, da sitzen sie alle zu Hause herum genau wie wir auch.
Marshall ist splitternackt (wollte er uns etwas sagen?) bis auf sein Sgt.-Pepper-Jackett, ein schwarzer Uniformrock, wie er ohne weiteres aus einem James-M. Barrie-Kostümstück stammen könnte, mit Goldbrokat auf den Schultern und an der Taille abgeschnitten, mit langen festlichen Frackschößen. Dieses Gewand trug der verrückte Marshall, als er seinen Einberufungsbefehl bei der Gründungsversammlung des LNS in der Woche des Pentagon in Washington verbrannte. Ohne ersichtlichen Grund hält er einen aufgespannten schwarzen Regenschirm direkt über dem Kopf, obwohl er eigentlich hin-

reichend geschützt vor den Unbilden der Witterungen im Wohnzimmer seines eigenen Hauses sitzt.

Dave und Alice hocken dicht beieinander auf dem braunen Sofa, oder besser gesagt, Alice sitzt auf dem Sofa, und Dave hat sich sowohl in ihre Körperfülle wie in die Polster der Couch sinken lassen. Er trägt ein Paar Lederhosen aus Heidelberg mit abknöpfbaren Trägern. Er sieht aus wie der spitzbärtige Bucklige, der in den Ben-Gay-Werbesendungen Unheil signalisierte.

Al hat sich auf dem Fußboden langgemacht, die Schuhe ausgezogen und puhlt sich den Schmutz zwischen den Zehen heraus. Als Walter Cronkite aus den Südstaaten berichtet, wiehern Al und Bill gleichzeitig mit heiserem Kneipengelächter: »Die Bauern da ham aber auch kein Fünkchen von Verstand nich«, teilen sie einander mit, in perfekter Imitation eben dieser Bauern.

Wanka ist schlafengegangen, wie jeden Abend nach dem Essen. Cathy ist in Bennington, wo sie drei Tage in der Woche als Lehrling bei einer Dame das Buchbinden studiert.

Alex betrachtet die Wahl mit einer gewissen Distanz: zu guter Letzt steht das Ergebnis fest, Richard Nixon hat gewonnen, oder ist es so, daß Hubert Horatio Humphrey verloren hat? Jedenfalls buhen und applaudieren wir alle gleichzeitig, und dann erscheint der Mann persönlich auf dem Bildschirm. Marshall steht auf und geht aus dem Zimmer. Nixon ist zu langweilig, als daß General Doormouse Interesse hätte, ihn auf dem Bildschirm zu betrachten. Es erscheint mir als der Gipfelpunkt der amerikanischen Demokratie, daß dieser ›Mann des Volkes‹ Präsident werden konnte. Es ist die Realisierung des absoluten amerikanischen Traumes: jeder kann es schaffen. Und er wollte es doch auch sooo gerne.

In den Bergen von Panama, dem Land, wo ich geboren und aufgewachsen bin, gibt es eine schweizer Gemeinde von vielleicht vierzig, fünfzig Familien. Es ist jetzt fünfunddreißig Jahre her, seit sie sich in jener Gegend niedergelassen haben. Der Name der Stadt ist El Volcán, inmitten üppigen grünen Berglandes, auf dem der Kaffeebaum wächst.
Als die Schweizer sich anfangs in dieser Gegend Panamas niederließen, hatten sie viele Schwierigkeiten. Ein bißchen Geld besaßen sie schon, aber damit leisteten sie Anzahlungen auf Molkereien.
Irgendein Hauptmann der Guardia Nacional, Panamas Miliz, entschied, die neue Kolonie von Ausländern sei eine Verschandelung der Landschaft, und daher schickte er ein Kommando bewaffneter Polizisten, Farmhaus, Männer, Frauen und Kinder vom Erdboden zu wischen. Eine Lehre für die Ausländer: keine Nachricht über das Massaker kam an die Öffentlichkeit.
Aber die Schweizer überlebten in ihrer Kolonie. Heute sind viele mit Panamanesen verheiratet, und die Kinder haben lateinamerikanische Vornamen und schweizer Nachnamen.
El Volcán ist ein herrlich schöner Ort. Es ist feucht und grün, nicht unähnlich dem pazifischen Nordwesten. Aber die Berge sind nicht so hoch wie die in Washington und Oregon; sie sind bescheiden wie die Hügel hier im westlichen Neu-England. Charakteristisch für El Volcán ist der dünne Nebel, der sich während der Regenzeit über die Hügel senkt, der Nebel hat den Namen *baja reque*.
Jetzt, im November erlebe ich den *baja reque* von neuem, diesmal weiter im Norden.

3. Die Erntedank-Schlacht

Die Erntedank-Schlacht fand nicht beim Essen am Abend des Erntedankfestes statt. An jenem Abend herrschte stillschweigend Waffenstillstand. Aber gleich am nächsten Morgen ging die Schlacht weiter.

Es begann um die Zeit, als Mad John und Wonderboy nach Marokko abreisten, in der ersten Novemberwoche. Wir waren noch nicht ganz drei Monate auf der Farm. John und Laz waren die ersten, die gingen, andere sollten ihnen folgen.

John ist neunundzwanzig Jahre alt. Er besitzt zwei akademische Ingenieurstitel und hat für eine in New York ansässige Baufirma gearbeitet, Brücken für Argentinien geplant und Untergrundbahnhöfe für Washington, D. C. Er ist lang und dünn und sehr freundlich. Von Geburt Australier, reiste Johnny eine Weile durch Amerika und lebte dann in der Fort Hill Gemeinde in Boston. Er druckte die Nummer 7 vom *Avatar,* der Fort-Hill-Publikation, auf der LNS-Druckmaschine in New York, als sich der Nachrichtendienst spaltete. Ich glaube, ihm gefiel der Gedanke, ein neues Abenteuer zu beginnen, und er machte sich mit uns auf den Weg.

Wonderboy ist achtzehn. Er ist dünn, wie Mad John, aber während Johns Haar dunkel und lockig ist, ist das von Laz blond und glatt. Die Dinge, die Mad John durch seine Studien gelernt hat, tüftelt sich Wonderboy mit Hilfe eines Rechenschiebers aus. Aber der Junge muß den Preis bezahlen, den frühe Reife für ihre Vorwitzigkeit verlangt: Die Ungeduld dessen, der darauf wartet, daß seine Erfahrungen seinem Intellekt nachkommen – diese jedoch sind unglücklicherweise Sklaven

eines linearen Zeitablaufs, sie folgen einer bestimmten Ordnung, eine folgt der anderen, und im Laufe der Zeit erst summieren sie sich. Laz lebte eine Zeitlang in den geodesischen Domen der Drop-City-Kommune. Sowohl er wie John brachten unserer verwirrten Gruppe großartige Ideen und eine Menge positiver Energie.

Aber sie entschlossen sich abzuhauen, weil sie das Gefühl hatten, genug zu haben. Genug wovon? Nun, genug von den ›yahoos im Haus‹ (yahoo – viehisches Wesen in Menschengestalt aus *Gullivers Reisen*), wie Marshall sie nannte.

Die ›yahoos‹, das waren hauptsächlich Bill, Al und Linda (die, wie ich schon erwähnt habe, ziemlich verschossen war in Bill) sowie Als Freundin vom Smith College, Carol. Al hatte ursprünglich vorgehabt, in New York zu bleiben und für die einzelnen Ausgaben des LNS Artikel auf die Farm zu schikken. Aber nach ein paar Wochen beschloß er, auch abzuhauen, und zog mit Koffer und Schlafsack auf die Farm. Kaum war er hier, hörte Al auf, überhaupt noch irgend etwas zu tun. Dasselbe traf für Bill zu, wenn auch auf ganz andere Weise. (Bill konnte seine auf die Stadt abgestimmten Energien und seinen Rhythmus nicht neu arrangieren, um mit der total anderen Umgebung fertigzuwerden, ein Problem, das jeder/jede von uns auf eigene Weise zu lösen hatte.)

Bill pflegte die ganze Nacht durchs Haus zu streifen, gegen drei und vier Uhr morgens ins Bett zu gehen und bis in den späten Nachmittag zu schlafen. Er begann mit Projekten, aber es gelang ihm nicht, auch nur eines von ihnen zu Ende zu bringen; er fing an, elektrische Leitungen im Haus zu verlegen, was dringend notwendig war, aber er hörte mittendrin auf und beschloß statt dessen, die Garage winterfest zu machen. Mad John, Ira und Wonderboy beendeten die Arbeit mit den elektrischen Leitungen.

Wieder die Garage. Irgend etwas war an diesem Gebäude oder vielleicht an dem, was es beherbergte, der Druckmaschine nämlich und dem Kollator, was auf alle, die sich ihm näherten, eine irgendwie blockierende Wirkung hatte. Bill versuchte, das Gebäude in einem gewissen Stil zu renovieren; er bestellte fünfzig Platten teurer Korkpappe bei einer Holzfirma im nahen Greenfield. Diese sollten an den Wänden der Garage angebracht werden und das Isoliermaterial bedecken. Als der Mann mit der Wagenladung Pappe ankam, drehte sich Bill zu Marshall um und sagte: »Oh, ich habe vergessen, dir zu sagen, daß ich das Zeug hier bestellt habe. Könntest du einen Scheck über zweihundertfünfzig Dollar für die County Lumber Company ausschreiben?« Und Marshall ging in die Luft. Wir hatten ein Bankkonto in Amherst mit einem Guthaben von vermutlich 6000 Dollar, das aber gesperrt war. Das Geld war unantastbar, denn nachdem der Nachrichtendienst in zwei Lager gespalten war, hatten die New Yorker einen Anwalt beauftragt, der das Pfandrecht auf unser Konto geltend machte. Das bedeutete, weder wir noch die anderen konnten an das Geld heran, was uns eigentlich recht war. Das Geld hatte sowieso ein *schlechtes Karma.*

Marshall war unheimlich sauer auf Bill, weil Bill wußte, daß das Konto gesperrt war und alle Schecks platzen würden, die darauf ausgestellt wurden. Und Bill wußte auch, wie jeder auf der Farm, daß wir auf unserem Farm-Konto nur vierunddreißig Dollar hatten. Die Hypotheken waren seit zwei Monaten nicht mehr abgetragen, und jetzt wurde auch die Elektrizitäts-Gesellschaft nervös wegen der unbezahlten Rechnungen. Aber Bill ging los und bestellte die Wandpappen. Nach einem hitzigen Streit im Wohnzimmer zwischen Marshall, der sich weigerte, für das Zeug einen ungedeckten Scheck auszuschreiben, und Bill, der Bloom diktatorisches Verhalten vorwarf, schrieb ich Bill einen Scheck über zehn Dollar auf das Konto der Farm. Er stolzierte zu dem Lastwagen und händigte dem Fahrer den Scheck aus, nahm sich zwei Pappen von dem Stapel und fragte den Mann, ob es ihm etwas ausmachen würde, den Rest wieder mitzunehmen, da wir kein Geld hätten.

Ich erzähle euch diese kleine Geschichte, um einen Eindruck zu vermitteln von der Desorganisation und dem Chaos, die in jenen frühen Tagen des Kommunelebens vorherrschten. Weil wir uns keine festen Pläne auferlegen wollten und konnten, weil wir nicht bewußt ein strukturiertes Leben aufbauen wollten, mußten wir die Launenhaftigkeit zufälliger Energieausbrüche erleiden. (Und erleiden sie noch heute.) Das heißt jedoch, wir hatten einen Anführer: Marshall. Er war der Chef, nicht weil irgendein idiotischer Wahlvorgang ihn dazu gemacht hätte, sondern weil sein persönliches *bzzzz* Niveau (d. h. Energieintensität) das höchste war; auch war er der ›Anführer‹, weil er sich selbst nur in einer einzigen Rolle sehen konnte, der des Hauptorganisators, des Chef-Leaders. Zu gewissen Zeiten stießen sich verschiedene Leute an dieser Autorität, und vielleicht nicht ohne guten Grund. Aber das ist Stoff eines anderen Kapitels. Die Erntedank-Schlacht war das natürliche Ergebnis dieses Mangels an Organisation, der gewöhnlich Kommunegruppen schon am Anfang zum Scheitern bringt. Nur wenn man Glück hat, werden sich eine natürliche Ordnung und ein natürlicher Rhythmus entwickeln. Aber das dauert seine Zeit, Zeit, um mühsam alle persönlichen Konflikte und Schwierigkeiten aufzudecken und zu lösen, die aus einem strukturlosen Zusammenleben resultieren, einer Gemeinschaft, die keine vorfabrizierten Leitfäden hat, an denen sie sich orientieren könnte. Zu guter Letzt entwickeln sich ein unausgesprochener Rhythmus und eine ungeschriebene Organisation. Während ich diese Zeilen schreibe, nähern wir uns dem Anfang des dritten Jahres hier draußen auf dem Lande. Wir haben Glück gehabt.

Der erste Schnee fiel am Morgen, nachdem John und Laz nach Marrakesch abgereist waren. Er war feucht, wie Regen, doch genug, um eine dünne weiße Schicht entstehen zu lassen, die deutlich darauf hinwies, daß mehr Schnee in nicht allzu ferner Zukunft fallen würde. Der Schnee war nach vierundzwanzig Stunden geschmolzen, aber der Herbst mußte dem Winter weichen, das war nicht zu übersehen.

Das Abendessen an jenem Tage war langsam, fast wie ein Trauermahl. Marshall las einen Brief vor, den er an unsere beiden fahrenden Ritter geschrieben hatte: »Wäret ihr auch nur einen Abend länger geblieben, dann hättet ihr nicht mehr weggehen können. Ihr habt es gerade noch geschafft, denn heute kam der Schnee...« Wir alle liebten sie, den langen Ausländer und den erfinderischen Jungen, und etwas an ihrer Abreise, der Zeitpunkt, war ein Zeichen, nicht gerade ein Omen, aber zumindest ein Zeichen: es wurde Zeit, die Fensterläden fest zu schließen, Bestandsaufnahme zu machen bei sich und seinen Leuten, denn die echte Prüfung stand bevor.

»Ach Scheiß', ich finde, wenn sie abhauen wollen, nun, dann sollen sie eben abhauen, sonst hätten sie hier nur gestört«, spricht Al, mit vollem Mund. Er hat kein Gespür dafür, daß ihre Abreise etwas zu tun haben könnte mit seiner unangenehmen Art, seiner psychischen Fettleibigkeit. Alle am Tisch schweigen. Bill sagt nichts, obwohl seine Gefühle denen Als ähnlich sind.

Wie es der Zufall wollte, verließen auch Bill und Al an jenem

Wochenende zeitweilig die Farm. Al fuhr nach New Haven, um Freunde vom College zu besuchen, und Bill machte sich für ein paar Tage auf den Weg nach Tennessee, um bei einem kranken Verwandten zu sein. Ein paar Abende, nachdem die beiden weg waren, hatten wir eine Zusammenkunft, oder so was. Ihr müßt verstehen, daß schon die Vorstellung, eine Zusammenkunft arrangieren zu müssen, für uns ein Horror war.

Abends im Wohnzimmer: Marshall sitzt in einem von den großen dickgepolsterten Sesseln, die wir vom Greenfield-Müllberg erbeutet haben. Er hat sich eine Wolldecke um die Schultern geschlungen, sein Kopf kommt irgendwo aus einem Loch in der Mitte der Decke hervor. Alex nippt an seinem Tee. Dave und Alice Turnipseed sind ungeduldig. Was soll das alles bedeuten, hm? Cathy und ich haben es gestern abend besprochen, bevor wir einschliefen. Sollen wir Al und Bill bitten zu gehen? Marshall wollte offensichtlich, daß sie gingen, und wenn es so war, gab es wahrscheinlich keine Möglichkeit, irgendeine andere Lösung zu finden.

»Also, wir sind einfach als Gemeinschaft noch nicht stark genug, um Bill verkraften zu können. Es geht ihm nicht gut, seine Depressionen und seine Faulheit scheinen uns alle kaputt zu machen.« Marshall spricht jetzt, leise, zwingend, ja, vor allem zwingend: es ist die Art des Fuchses.

Die Diskussion geht los. Alice schlägt vor, daß wir den beiden sagen, wie sie allen andern auf die Nerven fallen (was wahr ist), und dann sehen, ob sie sich nicht zusammenreißen können. Alex sagt nein, das wird sie nur kränken, sie werden sich beleidigt fühlen. Linda, froh, daß sie nicht selbst Gegenstand der Diskussion ist, wartet ab, wie sich die Mehrheit entscheiden wird. Ira nimmt an diesem Treffen nicht teil, weil er erst vor kurzem auf die Farm gekommen ist und noch ›auf

Probe‹ hier lebt, eine Bezeichnung, die Marshall leicht scherzhaft, doch andererseits auch mit einem Funken Ernst eingeführt hat. Wenigstens hat Ira es sehr ernst genommen und legt sein ›bestes Benehmen‹ an den Tag. Aber auch das tut er mit der ihm eigenen schüchternen Fröhlichkeit.

Cathy steht auf Marshalls Seite; sie möchte, daß die beiden gehen.

Ich kann mich nicht richtig entscheiden. Einerseits ist es offensichtlich, daß Bill und Al gehen sollten, denn ihre Energie ist hauptsächlich negativ; aber auf der anderen Seite, wer hat schon das Recht zu entscheiden, wem das Land gehört? Wer gehen soll und wer bleiben darf? Bill war ein guter Kamerad, der seine Stärke während der LNS-Spaltung bewiesen hatte; vielleicht sollten wir es auf uns nehmen, ihn zu ertragen, psychisch und physisch, bis es ihm besser geht? Vielleicht ist das überhaupt das Wichtigste an der ganzen Sache mit der Farm, daß nämlich die Stärkeren die Schwächeren tragen?

»Also, ich finde nicht, daß ich derjenige sein sollte, der ihnen sagt, daß sie gehen müssen, damit sie nicht behaupten können, es sei alles auf mein Betreiben geschehen, ich sei der einzige, der wollte, daß sie gehen.« Marshalls Worte brechen in meine Überlegungen ein. Während ich es in meinem Kopf hin- und hergewälzt habe, scheint es sich irgendwie gelöst zu haben: übrig bleibt nur noch, daß es ausgeführt wird.

In der Tat ist die Diskussion beendet. Das einzig wirkliche Dilemma betraf Bill. Al hatte sich das allgemeine Mißfallen zugezogen, und es herrschte von Anfang an beinahe schweigende Übereinstimmung, daß man ihn bitten sollte zu gehen. Aber bei Bill war das eine andere Geschichte. Bill ist einfach unheimlich kaputt, irre, und das ist in unserem Haushalt nicht gerade ungewöhnlich. Schließlich spricht Linda, und die Aufmerksamkeit aller wendet sich ihr zu, als gelte es, jetzt das abschließende Plädoyer zugunsten des Angeklagten zu hören, zugunsten desjenigen, den sie liebt, desselben, der sie vor nicht allzu langer Zeit aus seinem Zimmer hinaus auf den Flur geworfen hatte.

»Es ist wahr, daß Bill eine Menge Probleme hat«, spricht sie überlegt, sich jeweils des nächsten Wortes bewußt, das von ihren Lippen springt. »Oh, Mann, ich weiß nicht, was man mit Bill machen soll«, sagt sie schüchtern. Linda macht jetzt den Eindruck der Kleinen, ihr seid doch die großen Leute hier, sie wünscht, daß die anderen im Raum sie als das Kind akzeptieren, dessen Meinung durchaus ruhig gehört wird, dessen Stimme in der Angelegenheit aber höchstens eine halbe ist statt einer ganzen.

»Ich denke, er sollte gehen«, sagt Linda.

Irgendwie wird beschlossen, daß ich, der noch das beste Verhältnis zu Al und Bill hat, derjenige sein soll, der ihnen mitteilt, daß sie gehen müssen. Damit bin ich einverstanden, seltsam genug, denn ich bin optimistisch, ich bin sicher, daß sie beide die Notwendigkeit ihres Weggehens einsehen, daß ihnen einsichtig ist, wie das Überleben unserer Farm davon abhängt, und daß vielleicht irgendwann in der Zukunft sie zurückkommen können, wenn sie im Kopf ein bißchen mehr beieinander sind und die Farm auf festeren Beinen steht. Ich muß geträumt haben.

Gelinde gesagt waren Bill und Al nicht übermäßig erfreut, bei ihrer Rückkehr entdecken zu müssen, daß man von ihnen verlangte zu gehen. Al kam an dem Tag nach der ›Zusammenkunft‹ zurück. Wir sprachen spät abends in seinem Zimmer miteinander.

»Ich weiß, das kommt alles von Marshall«, sagte Al ruhig, denn er wußte, daß die Initiative von Bloom ausgegangen, die

Entscheidung aber von allen getroffen war. Ich hatte es ihm gesagt.
»Meinst du wirklich, es macht irgend etwas aus, wenn Bill und ich gehen? Himmel, wir machen doch die meiste Arbeit hier.« Ganz glaubte er seinen eigenen Worten nicht. Al war in der Zwickmühle. Auf der einen Seite blickte er durch: er und Bill brachten mit ihrem starken Widerstand gegen Mad Marshall den Rest der Leute runter von ihrem Trip; andererseits verursachten wir bei Al und Bill mit unserem Wunsch, sie möchten gehen, eine Abwehrhaltung, kränkten sie und verlangten obendrein noch von ihnen, es einzusehen.
»Die Farm kann im Augenblick nicht beliebig viele Leute durchbringen. Du weißt doch, daß der Nachrichtendienst praktisch keinen Cent einbringt, wir haben zu viele Mäuler zu stopfen.« Ich versuchte, an seine Vernunft zu appellieren, wies hin auf die steigenden Schulden und darauf, daß niemand draußen einen Job hatte, daß es kein richtiges Einkommen gab, sowohl die Bedürfnisse der Leute wie die des Nachrichtendienstes zu decken.
Al sagte, er würde es überdenken, doch würde *er* allein entscheiden, ob er wegginge oder nicht. Ich sagte Gute Nacht und verließ sein Zimmer.
Ein paar Tage später kam Bill aus Tennessee zurück. Ich fuhr das alte Wildebiest nach Amherst, um ihn vom Bus abzuholen. Er sah ziemlich abgespannt aus, als hätte er es zu Hause schwer gehabt. Ich war wirklich genervt, daß ich mit ihm reden, ihm ausrichten mußte, daß er die Farm verlassen sollte. Wir gingen in eine Kneipe und tranken einen Kaffee.
»Was ist denn so auf der Farm passiert?« fragte Bill und sah mir ins Gesicht, um eine Andeutung dessen zu entdecken, was während seiner Abwesenheit vorgefallen war.
»Also, wir haben da so eine Art Treffen gehabt«, sagte ich.

»So, ja, weswegen denn?«
»Wir haben beschlossen, daß es im Moment besser wäre, wenn du und Al für eine Weile abhauen würdet. Ich meine, also, wir sind im Augenblick nicht in der Lage, alle durchzubringen, und es schien uns allen das beste, den ganzen Trip vorm Scheitern zu bewahren, noch bevor er richtig losgegangen ist.« Ich konnte es immer noch nicht ganz erklären.
Bill war wie vor den Kopf geschlagen. Es kam für ihn wie aus heiterem Himmel, und er war verblüfft.
»Wenn Al abhauen will, ist das in Ordnung«, sagte er. »Seit er aus New York gekommen ist, hat er keinen Finger krummgemacht. Ich bin mit euch einer Meinung, daß wir ihn loswerden sollten. Aber ich will verdammt sein, wenn ich mir nicht den Arsch wundgearbeitet habe!« Mit echter Empörung.
»Also, es geht nicht nur um die Arbeit, das ist es nicht.« Aber was soll man da sagen? Daß du zu kaputt bist, als daß im Moment jemand mit dir Kontakt haben könnte? »Du weißt doch, wie schwach die ganze Sache ist.« Habe ich das Wort ›Experiment‹ benutzt? »Keiner erwartet, daß wir es wirklich den Winter durchhalten.«
Der Tag erschien absurd lang. Al lümmelte sich auf der Couch im Wohnzimmer, als wolle er seine Anwesenheit allein dadurch demonstrieren, daß er in der Lage war, viel Platz einzunehmen. Seine Position auf der Couch war Ausdruck einer gewissen Mißachtung der anderen Leute – als wenn er sagen wollte: »Die einzige Möglichkeit, mich loszuwerden, ist, mich hier hochzuheben und dann rauszuschmeißen.« Es war klar, daß eine schwere Auseinandersetzung bevorstand.
Marshall kam an jenem Abend nicht zum Essen herunter. Er empfing die ›vibrations‹ und blieb in seinem Zimmer, etwas, was er von Zeit zu Zeit zu tun pflegte. Das Abendessen verlief sehr ruhig, gesprochen wurde nicht. Al aß geräuschvoll,

schlürfte vom Löffel und rülpste absichtlich so laut er konnte. Linda versuchte, ein Gespräch mit Bill anzufangen, aber er schnitt ihr das Wort ab.

Am nächsten Morgen kam ich gegen zehn herunter und lief geradewegs in eine heiße Auseinandersetzung hinein, die mit lauten Worten im Wohnzimmer ausgetragen wurde. Marshall saß auf einem Stuhl, der aus der Küche hereingebracht war. Bill und Al saßen ihm gegenüber auf der Couch.

»Hör zu, Judenjunge«, sagte Bill, »keiner von deiner Sorte wird mir sagen, wann ich gehen kann oder nicht.« Es war das erste Mal, daß ich diese Nummer hier abziehen hörte. »Wenn ich gehen will, kannst du wetten, daß ich es tun werde, wenn's mir paßt und ich bereit bin, und nicht vorher«, sagte er in einem Tonfall, als gäbe es keine weitere Diskussion über diese Angelegenheit.

Dann redete Marshall ein paar Minuten lang leidenschaftlich dagegen, aber seine Argumente trafen natürlich auf taube Ohren. Bill und Al behaupteten, daß der LNS (d. h. Marshall) ihnen noch Geld schuldig sei, fünfundzwanzig Dollar Benzingeld für die Fahrt zur Chicago Convention. Damals hatte Al mit der Benzinkreditkarte von seinem alten Herrn bezahlt. Und dann war da die Sache, daß Marshall Bills Nashmobile auf dem Rückweg von der Convention drei Stunden lang mit 140 gefahren hatte, obwohl ein rotes und ein oranges Warnlicht gebrannt hatten – die anderen im Wagen schliefen alle – Bill, Jerry Rubin, Nancy Kurshan und ein Anhalter –, bis irgendwo außerhalb von Harrisburg die Maschine des alten Nash auseinanderflog und der Wagen rauchend zum Stehen kam. Sie mußten dann alle zurücktrampen, und jetzt will Bill von Marshall Geld für den Wagen. Wenn Bloom ihnen etwas Geld gibt, dann überlegen sie sich *vielleicht*, ob sie gehen. Aber vielleicht auch nicht.

»Das sind solche Lumpen«, sagt Marshall, während wir in die Garage gehen, um nachzusehen, wie viele Postsendungen noch abzuschicken sind. Gerade in dem Augenblick fährt so ein riesiger Schlitten (einer von diesen amerikanischen Metallsärgen auf Rädern), ein 68er Oldsmobile auf den Hof. Es ist Sluggo Wassermann, einer der ersten vom LNS und ein Blutsbruder des *Karass*. Sluggo hat einen Job als Lehrer an einer High School und kommt gelegentlich zum Wochenende auf die Farm. Irgendwann will er alles hinschmeißen und dann herkommen und richtig leben, aber im Moment schickt er uns Artikel über den Wahnsinn in Cancer City (New York), und es zerbricht ihm das Herz an den Sonntagabenden, wenn er zurück muß in die Bronx, wo er in einem schäbigen Apartment haust. Sluggo ist ein untersetzter Bursche, der Marshall bei der AZA (eine jüdische Highschool Verbindung) Convention kennengelernt hatte, in der Bloom Vorsitzender oder sowas war. Er graduierte an der Universität von Michigan und war dann ein Woodrow-Wilson-Stipendiat. Während er an der Universität von Chicago war, schrieb er für den LNS, schickte seine Sachen an Marshall und Ray und flog zwischen Chicago und Washington hin und her. Marshall fängt nervös an, Sluggo haarklein zu erzählen, was mit Bill und Al los ist. »Ich weiß einfach nicht, was man machen soll, aber wir müssen sie hier wegkriegen.« Sluggo, der Gutherzige, lacht: haben wir sowas nicht schon mal erlebt?
»Vielleicht können wir es hinkriegen, Al ist ein echter *schmock*, das fand ich schon immer. Bill, der ist einfach irre, das ist alles.« Sluggo bringt eine bestimmte Klarheit in die Bewertung der Situation. Marshall schielt ihn an, und ich spüre, wie es bei ihm immer stärker *bzzzzz* macht.
»Also, ich hab' da einen Plan«, sagt Marshall. »Weißt du, Bill möchte, daß ich ihn zur Vermont Farm bringe.«

»Was?! Die flippen doch aus, du weißt, wie sehr die rumkrampfen, wenn Leute da sind, die nicht tatsächlich da wohnen«, antwortet Sluggo, der nicht glauben kann, daß Bloom dies Problem jemandem anders aufhalsen will.

»Du glaubst doch nicht, daß ich ihn wirklich da hinbringen würde, oder? Wir packen ihn und sein Zeug in den Wagen, fahren an die Fernstraße, an die 99, und setzen ihn da einfach ab. Wie er da wegkommt, und wohin, das ist seine Sache. Wenn er Ärger macht, schmeißen wir ihn aus dem Wagen und hauen ab.« Der reinste verdammte Irrsinn, Sluggo und ich lachen laut los. Marshall sieht uns an, runzelt die Stirn und dreht einen langen Ticonderoga-Gelbstift in seine Lockenhaare. Warum lachen wir? Können wir nicht einsehen, daß das die einzige Möglichkeit ist? Aber Slug überzeugt ihn, daß es so nicht läuft.

»Also, dann rufe ich eben seine Mutter in Nashville an und sage ihr, daß ihr Sohn in meinem Hause nicht willkommen ist, trotzdem aber nicht geht.« Marshall hatte einen ausgeprägten Sinn für Autorität; das soll sagen, wann immer eine Sache haarig wurde, erinnerte sich Marshalls Geist an respektierte Verkörperungen von Macht oder irgendwelche Beamte. Als Freundin, eine Studentin vom Smith College, wohnte auch auf der Farm, und Marshall erzählte Sluggo und mir, er habe vor, die Präsidentin des College anzurufen und ihr zu sagen, daß eine ihrer Studentinnen sich unbefugt auf seinem Grund und Boden aufhielte. Es war schon wahnsinnig. Immer wandte er sich an die absolute Quelle dessen, was historisch als Autoritätsfigur galt, während wir doch versuchten, unseren Weg in das Neue Zeitalter zu finden. Ha.

Sluggo und ich überzeugten ihn, daß keiner dieser absurden Vorschläge hinhauen würde. Als Freundin würde ihn einfach auslachen, wenn sie erfahren sollte, daß Bloom die Präsidentin von Smith angerufen hätte, und Bill würde wahrscheinlich echt ausflippen und versuchen, Marshall umzubringen, wenn dieser seine Mutter in Tennessee anrufen sollte. Schließlich war Bill sechsundzwanzig. Man geht einfach nicht daher und ruft von Massachusetts nach Tennessee jemandes Mutter an, um ihr zu sagen, daß ihr Sohn unartig ist. Als er einsehen mußte, daß wir ihm bei keinem dieser Pläne helfen würden, stampfte Marshall aus der Garage und murmelte dabei: »Na, jedenfalls kann es nicht mehr länger so weitergehen!« Und natürlich hatte er recht, aber was sollten wir tun?

Mitten in all diesem Aufruhr ereigneten sich zwei neue und verwirrende Dinge. Erstens beschloß Wanka, daß sie gehen wollte. Das war ziemlich schlimm für diejenigen von uns, die sich auf ihre Stärke und ihren Optimismus verlassen hatten. Cathy hatte ein enges Verhältnis zu ihr gewonnen, und die Tatsache, daß Wanka mitten in dieser Krise das Haus verlassen würde, war ein echter Schock. Aber sie konnte nicht dazu gebracht werden, ihre Pläne zu ändern; sie ging am Tage vorm Erntedankfest. Das zweite, was passierte, war meine Entscheidung, daß wir aufhören sollten, den Nachrichtendienst herauszugeben, ihn einfach aufgeben sollten.

Unsere Produktion hatte sich auf eine Ausgabe pro Woche reduziert, während es früher zwei oder gelegentlich sogar drei Ausgaben wöchentlich waren. John und Laz waren in Marokko. Stevie Marsden, der die Sklavenarbeit an Druckmaschine und Kollator geleistet hatte, war ans New College zurückgekehrt, um ein weiteres Semester auf seinem mutigen Marsch zum akademischen Grad zu vollenden. Dave und ich machten den größten Teil der tatsächlichen Produktion, er das Drucken und ich das Heften; Marshall machte in den Produktionsnächten die Scheißarbeit, aber kümmerte sich sonst hauptsächlich um die ›Beziehungen zur Außenwelt‹, reiste nach New York, um unser Image bei der Bewegung aufzupolieren. Und Marshall kümmerte sich auch um die meisten Dinge, die wir in der lokalen Umgebung zu erledigen hatten, in Montague und Greenfield. Irgendwie hatten die Einheimischen wohl den Eindruck, unsere Farm gehöre diesem jungen reichen Exzentriker, einem gewissen Mr. Bloom, und er verplündere seine Erbschaft, indem er einer verlotterten Gruppe von Hippies und Herumtreibern Unterstützung gewähre. So fragte man von der Telephongesellschaft, wann immer man wegen einer unbezahlten Rechnung anrief, nur nach *Mister* Bloom, und weigerte sich, mit jemandem anderen zu sprechen. Was natürlich überhaupt nicht schlimm war, denn alle anderen wußten ja die richtige Antwort: »Er ist leider im Moment nicht da.«

Der Hauptgrund, weswegen ich aufhören wollte, die Postsendungen des LNS zu drucken, war dieser: Wir hatten einfach nichts mehr zu sagen, außer vielleicht, besorgt euch ein Stück Land, sammelt euch eure Leute zusammen und seht dann, was passiert. Und zu jener Zeit, im Herbst 1968, war die Bewegung noch nicht reif, diese Botschaft zu hören. Der ›Sieg‹ von Columbia (bei dem ich meine echte Feuertaufe in der Bewegung empfing) vom vergangenen Frühling war noch frisch im Geist einer jeden Gruppe auf jedem Campus im ganzen Land. Jene Columbia-Energie, gekoppelt mit der Genugtuung über die erfolgreiche Sprengung des demokratischen Parteitages (bei der der LNS seine druckerschwarzen Hände im Spiel hatte), hatte der Bewegung Kraft und Selbstvertrauen genug gegeben, um sie weiter voranzutreiben. Dies war deutlich nicht der Zeitpunkt, zu dem man den Leuten hätte erzählen können, sie sollten alles hinschmeißen und sich auf die Suche nach bescheidener Unabhängigkeit (und der damit verbundenen

Armut) begeben, die das Leben auf dem Land bringt. Die Untergrund-Presse publizierte Artikel über die Herstellung von Molotow-Cocktails und die Wirkungsweise leichter Waffen. Das Beste, was wir auftreiben konnten, war Daves Entdeckung eines Aufsatzes über Störung von Rundfunksendungen, der sich in einer alten Ausgabe von *Popular Mechanics* fand.

Wißt ihr, eine Sache, die wir wirklich nicht richtig bedacht hatten, als wir den Plan faßten, aufs Land zu ziehen, war die Wirkung, die eine solche Veränderung auf unsere Köpfe haben würde. Wir hatten angenommen, es sei im wesentlichen nur eine geographische Veränderung. Wer hätte voraussehen können, daß wir im Laufe der Entwicklung ganz neue Köpfe kriegen würden?

Wie hätten wir von den niemals endenden Aufgaben und Anforderungen des Landlebens in Neu-England *wissen* sollen? Natürlich hatten wir es alles in Frosts Gedichten gelesen (»Die Tatsache ist der süßeste Traum, den die Arbeit kennt«), aber Himmel, in jenem ersten Winter haben wir wirklich mächtig gefroren. Wenn Cathy von der Arbeit kam, brachte sie gewöhnlich eine Kombiwagenladung trockenen Holzes aus einer Werkzeugfabrik in Bennington mit. Der Wagen war voll mit Hartholzstücken, Schraubenziehergriffen und grell bemalten Zollstücken, die alle Fehler hatten und deswegen auf dem Fabrikgelände zum Abfall geworfen worden waren (›Hippie-Holz‹ nannte man das). Dies Holz war perfekt zum Feuermachen, und es machte einem auf boshafte Weise Spaß zuzusehen, wie alle diese mit Zahlen bedruckten Holzleisten laut knisternd im Feuer des Herdes verkohlten. Der große Ofen brauchte natürlich Holzscheite oder Kohlen. Kohlen kosten Geld, das immer knapp war (und ist). In jenem Winter schafften wir es nicht, eine genügende Menge Holz unter Dach zu bringen, und als der erste Schnee gefallen war (wir machten uns schon Sorgen darum, ob wir die Nachrichtendepeschen rechtzeitig auf den Weg bekommen würden), war das Holz, das draußen lagerte, plötzlich feucht und unsichtbar.

Die Unvereinbarkeit von Farmleben und dem Leben für den Nachrichtendienst war mehr als offensichtlich geworden. Das eine schien an dem anderen zu ersticken. Schizophrenie griff um sich.

Marshall würde dagegen sein, den Nachrichtendienst aufzugeben, daran konnte kein Zweifel bestehen. Er würde sagen, vom pragmatischen Standpunkt aus brauche jede Kommune, um bestehen zu können, irgendeine nach außen gerichtete Aktivität, und der LNS könne und solle diese Funktion erfüllen. Aber Tatsache war, daß er (der LNS) zu einem psychischen Blutegel geworden war und als ›gemeinsame Arbeitsbasis der Kommune‹ hier draußen auf dem Lande nicht erfolgreich funktionierte. Die Papierfirma in Springfield weigerte sich, uns weiter Kredit zu geben, bevor wir nicht unsere Rechnungen bezahlt hatten. Die Druckpresse war kaputtgegangen und mußte jetzt von richtigen Fachleuten repariert werden (wahrscheinlich durch das viele Umziehen, Washington, New York, Montague); obwohl es verschiedenen von uns gelungen war, sie auseinanderzunehmen, hatte eigentlich keiner sie wirklich wieder richtig zusammenbekommen. Und die Kälte machte ihr auch zu schaffen. Im Winter gefror die Tinte in den Behältern, und es war fast unmöglich, sie wiederaufzutauen, wenn das einmal geschehen war. Die Post machte uns ständig mit Gebührenforderungen zu schaffen.

Mir war auch bewußt, daß Bloom gegen die Aufgabe des Nachrichtendienstes sein würde, weil er und wir alle, aber hauptsächlich Marshall, eine vollständige Identität um den LNS aufgebaut hatten: Wir *waren* der Liberation News Service, und wenn wir aufhörten, ihn herauszugeben, nun dann würden wir nichts anderes sein als – *eben normale Leute.*

Furcht, auf einmal nichts zu sein, all die ›professionellen‹ Verbindungen zu verlieren, die wir innerhalb der Bewegung im ganzen Lande aufgebaut hatten. Und was war mit unserer Verantwortung gegenüber den Lesern draußen? Durften wir hier einfach *leben*?

Ich machte die zweite Postsendung im November fertig (drei Wochen des Monats waren bereits verstrichen) und ging zurück ins Haus. In der Dunkelheit konnte ich sehen, daß bei Marshall noch Licht brannte, und ich entschloß mich, zu ihm zu gehen und ihm zu sagen, was ich dachte. Im Wohnzimmer saßen Bill und Linda auf der Couch, drei Uhr morgens, und sie rauchten die letzten Reste Stoff, die Wochenendbesucher zurückgelassen hatten.

Marshall saß an seiner Schreibmaschine und arbeitete an einer Kritik über Abbie Hoffmans Buch *Revolution for the Hell of It!* (Der Artikel war, nebenbeigesagt, ein netter Brief an den Mann, in dem um mehr persönliche Dinge gebeten wurde: zum Beispiel, was hatte er bei dem verängstigten Gesichtsausdruck seiner Frau Anita empfunden, als die Bullen ihn, Abbie, aus der HUAC-Anhörung [House Committee on Un-American Activities] in Washington schleiften? Und wie wäre es mal mit einem Liebesgedicht, das der Yippie geschrieben hatte?)

»Marshall, ich glaube, wir sollten aufhören, den LNS herauszugeben. Vielleicht nur für eine Weile.« Ich hielt es für das beste Vorgehen, erst einmal von einer zeitweiligen Einstellung des LNS zu sprechen, bis die Farm sich eine bessere Grundlage geschaffen hatte und diese Persönlichkeitsschlacht um Bill und Al zu einem guten Ausgang gekommen war.

»Aber, Steve!«, sprach er nach ein paar Minuten Schweigen, »wenn wir ihn aufgeben, dann geben wir eine wichtige Arbeit auf. Menschen brauchen Arbeit, das ist wesentlich. Oh, ich meine, ich könnte irgend etwas anderes anfangen, ich würde mich zum Beispiel gerne an mein *Journal of the New Age* machen. Aber da müßten wir noch einmal ganz von vorne anfangen. Wir haben uns mit dem LNS einen Namen gemacht, und er hat doch eine große Anhängerschaft, unbeschadet der Spaltung.«

Konnte er nicht sehen, daß die ganze Sache vor unseren Augen zusammenbrach? Konnte er nicht sehen, daß der totale Bankrott uns alle auf die Straße werfen würde, hauptsächlich aber der emotionale Bankrott? Ich führte alle Probleme auf, alles, was mir einfiel, alle die (ausgeflippten aber) logischen Argumente, warum wir den Nachrichtendienst für eine Weile stoppen sollten, weil sonst die ganze Farmerfahrung ebenso schnell enden würde, wie sie begonnen hatte. Ich hatte die Postsendungen redaktionell bearbeitet, und ich sagte Marshall, daß es mir schien, als hätten wir nur noch sehr wenig zu sagen, wenigstens im Augenblick.

»Also, was sollen wir denn *machen*, wenn wir den LNS aufgeben?«

»Ich weiß nicht, Marshall, es ist ein großes Risiko. Aber ich für meine Person bin bereit, es einzugehen, denn so können wir nicht mehr länger weitermachen. Ich schätze, wir werden eben eine Kommune von Leuten auf dem Lande sein, uns Jobs suchen oder sowas und die Sache hier weitermachen.«

Marshall antwortete nicht. Es war kühl im Raum, obwohl der kleine elektrische Heizofen auf Hochtouren lief. Langsam erhob sich Marshall von seinem Schreibtisch und setzte sich aufs Bett, bedeckte seinen Unterkörper mit der schweren mexikanischen Decke.

Marshall kannte alle meine Arguemente rückwärts und vorwärts. Hatte er sich nicht Tag und Nacht Sorgen gemacht über diese verfluchten Rechnungen? Hatte ihn nicht die Spannung im Haus fertiggemacht (und hatte er nicht unentwegt Kraftausdrücke einstecken müssen)? War er nicht persönlich verantwortlich als Haupt des Nachrichtendienstes und dieser Kommune für Erfolg oder Scheitern, wenn man diese Begriffe überhaupt auf eine solche neue Erfahrung anwenden konnte? Es würde nie der Punkt kommen, wo man von ›Erfolg‹ sprechen konnte, während uns das ›Scheitern‹ unentwegt vor Augen stand – wir würden ›versagt‹ haben, wenn wir die Farm verlieren sollten und alle Leute in verschiedene Richtungen davongingen.

Marshall zündete eine Kerze an. »Mach das Licht aus«, sagte er, und ich zog an der Strippe, um die nackte Birne, die von der Decke hing, auszuschalten. Kerzenlicht verändert immer alles. Marshall hatte Kerzen sehr gern, er fand, sie brächten ein bestimmtes Maß *Anmut* mit sich, eine Qualität, die er ständig in seinem Leben zu erreichen suchte, wie er behauptete. Anmut, Stil eines Lebens, das bestimmt wurde von einer wild umherschweifenden Energie, die ihm wenig Ruhe ließ, einer Energie, die selbst der einzige wahre Stil blieb, den Marshall Bloom kannte, und deren Intensität, jene kontrollierte Unbekümmertheit, ständig im Widerspruch lebte zu seiner schwer faßbaren Angebeteten, der Anmut.

»Du bist ziemlich entschlossen, nicht wahr, Steve?« Die Stimme, jetzt leise, sie kommt nicht aus seinem Körper, sondern von irgendwo anders in dem kerzenerleuchteten Raum. »Es stimmt schon mit den Rechnungen und alles. Ich habe an einige Professoren und alte Linke geschrieben, die ich kenne, aber es dauert eine lange Zeit, ihnen Geld abzuknöpfen!« Er beginnt die Einzelheiten der komplizierten Manöver darzulegen, die er in den letzten Wochen begonnen hat, er liest mir Briefe vor von einigen seiner früheren Freunde aus der Bewegung, die detaillierte Erklärungen haben wollen für unseren heimtückischen Akt, obwohl es doch inzwischen mehr als vier Monate her ist, seit wir uns die Druckmaschine genommen haben und nach Massachusetts gezogen sind. Er sagt mir, daß Sluggo ihm etwas Geld für den Nachrichtendienst gegeben hat, und daß er daran denkt, Bill etwas davon zu geben für das Auto und Al etwas wegen der Benzinkreditkarte und daß die beiden dann vielleicht abhauen und sich alles klären wird. Marshall hat sich eine Menge auf den Buckel geladen, aber er hätte es auch nicht anders gewollt. Er weigert sich einzugestehen, daß wir nichts mehr zu sagen haben. Schließlich haben wir doch unsere Kontakte in den verschiedensten Städten und Zentren der Bewegung, auch wenn der Strom der Informationen langsam immer mehr versiegt.

»Aber vielleicht hast du recht. Letztes Jahr haben wir den Nachrichtendienst ausgesetzt zwischen dem 15. Dezember und dem 15. Januar. Die meisten Zeitungen machen sowieso Ferien, wir können einfach ankündigen, daß wir unseren Jahresurlaub machen. Natürlich ist der November noch nicht vorbei, wir sollten noch eine Sendung machen, bevor wir pausieren.«

Es ist kaum zu glauben, daß er mit mir übereinstimmt. Wir reden noch ein bißchen länger. Ich sage ihm, wir könnten es als zeitweilige Einstellung betrachten, aber in Wirklichkeit fühle ich, daß wir es ganz aufgeben sollten. Wir sprechen über Bill und Al und darüber, daß Linda nicht in die Turners Falls Highschool gegangen ist und daß bestimmt bald reihenweise Beamte von der Schulbehörde auftauchen werden, usw.; Marshall meint, sie sollte mit Bill weggehen, denn nach unserer Zusammenkunft hatte sie sich doch entschieden, Bill solle bleiben dürfen, und dadurch steht sie in einem ziemlich starken Widerspruch zum Rest der Gruppe.

Ich bin wirklich müde, die Postsendungen liegen in der Garage, fertig, und das bin ich auch. Als ich aufstehe, um in mein Zimmer zu gehen, sagt Marshall laut und deutlich: »Weißt du, es ist doch wirklich eine ziemliche Ehre, Redakteur eines internationalen Nachrichtendienstes mit einer Leserschaft von über zwei Millionen zu sein, und das mit erst einundzwanzig.« Ach, Marshall, immer die perfekten Worte zum Abschluß.
»Ja«, antworte ich leise und schließe die Tür hinter mir.

Wir unterbrachen die Herausgabe des Nachrichtendienstes. Es war nicht ohne Ironie, daß gerade die Leute, die am meisten durchdrehten bei seinem Ableben, diejenigen waren, die am wenigsten getan hatten, um ihn am Leben zu erhalten. Bill und Al wollten es nicht glauben: »Wenn wir den Nachrichtendienst aufgeben, dann sind wir ja nichts anderes als ... Farmer!« Der Gedanke, die vorfabrizierten Identitäten als professionelle Radikale und Freaks etwa aufgeben zu müssen, war einfach zu niederschmetternd. Die kleine Linda mochte es auch nicht glauben. Wenn wir nur einfach Farmer waren (das klang so schrecklich nach Hinterwäldler), dann mußten wir uns auch damit abfinden, ganz *normale* Leute zu sein, ein weiterer erschreckender Gedanke: die ganze Revolutionärsromantik würde urplötzlich verschwinden, und ganz normale Leute blieben übrig. All diese Menschen, die durch ihre Arbeit als Gruppe bekannt geworden waren, würden wieder zurückgeführt auf die Stufe von *Individuen,* die nun für sich allein einen Sinn in ihrem Leben suchen müßten, einen Sinn, den vorher jener alles überdeckende Regenschirm gegeben hatte, die revolutionäre Bewegung.
Als Freundin hatte das Festmahl zum Erntedank zubereitet, Truthahn mit Füllung und all das Zeug, das man immer dazu

ißt, aber an jenem Abend herrschte nicht die richtige Stimmung am Tisch. Cathy fastete, nicht aus Protest, sondern es war ihre ganz persönliche Art, Dank zu sagen für alles, das uns zugekommen war. Marshall hatte Al und Bill etwas von dem Geld gegeben, das sie verlangt hatten, und es sah so aus, als ob die beiden ziemlich bald abhauen würden. Daß sie die Kohlen bekommen hatten, gab ihnen das Gefühl, sie hätten erreicht, daß Marshall (und gleichzeitig der Rest von uns) einer ihrer Forderungen nachgegeben hatte, bevor sie unseren Wunsch erfüllten, die Farm zu verlassen.

Al ging am Tage nach dem Erntedankfest. Seine Lady kam rüber und half ihm, sein Gepäck in ihrem Mustang zu verstauen. Niemand war in der Nähe, als er abfuhr, und erst nach ein paar Tagen merkten wir, daß er die einzige vollständige Sammlung von LNS-Ausgaben hatte mitgehen lassen. (Diese trug er in die Bücherei von Yale und verkaufte sie an die Zeitschriftenabteilung des College.) Ich schätze, damit machte er ein paar Kohlen, ich schätze, das gab ihm das Gefühl, es uns heimgezahlt zu haben, uns und Marshall.

Bill und Linda verließen die Farm ein paar Tage später. Ich weiß nicht, was aus ihr wurde, außer daß sie nach Hause zurückging und in New York City wieder die Schule besuchte. Ich habe jedoch ein paar gute Sachen von Bill gehört, daß er sich mit einer wirklich guten Lady zusammengetan hat, die vier Kinder hat. Und er hat sich wohl wieder ziemlich zusammengerafft.

Die Veränderungen im November waren umwälzend. Nachdem Bill und Linda und Al die Farm verlassen hatten, beschlossen Dave und Alice, daß sie wirklich nicht auf dem Lande leben wollten. »Ich will zurück nach New York«, verkündete Alice beim Essen, »denn hier draußen hat man nicht die geringste Möglichkeit, irgendwelche interessanten

Leute kennenzulernen.« Also machten sie und ihr Mann sich in der folgenden Woche auf (»Ich geh' zurück nach New York City, ich glaub', ich habe genug«, wie Mr. Bob Dylan sagt), und Alice bekam einen Job als Programmiererin, während Dave als Ideenlieferant für eine hip-Werbeagentur zu arbeiten anfing. Echt blöd war nur, daß sie ihre zehn Katzen bei uns ließen. Doch die verschwanden langsam, eine nach der anderen, bis schließlich nur noch Cuchulain übrigblieb. Und der schaffte es auch nur sechs Monate, dann bekam er Skrofulose, jene unerbittliche Krankheit, die Geißel der Landkatzen (zu Beginn des neunzehnten Jahrhunderts). Inzwischen hatten alle Cuchulain liebgewonnen, aber wir konnten nichts machen: seine Autobiographie, *Das Leben am Ende eines Seils,* wurde in Fortsetzungen abgedruckt im *Cat World Annual,* und all seine weltlichen Besitztümer hinterließ er seinem Katzenerben, einem orange Kätzchen namens Bleachy, das, während ich diese Zeilen schreibe, gemütlich unter dem Ofen in der Küche ruht. Von der ganzen Sippschaft Katzen, die je hier lebte, ist Bleachy der Hauptüberlebende. Ja, im vergangenen Winter (unserem zweiten) wurde ihm der Pretty-Boy-Floyd-Associates (so heißt die Farm)-Preis für Durchhaltevermögen zuerkannt: Bleachy war der Sieger, denn er war mehr Tage hintereinander auf der Farm als jedes andere lebende Wesen, ob Mann, Frau, Hund oder sonstiges Hausgetier.

RICHARD SCHWEID

4. Wind-Wechsel / 1

Die Leute tragen ihre alten Klamotten mit sich rum, das weiß jeder. Die Komplikationen einer persönlichen Lebensgeschichte (ganz zu schweigen von den genetischen, psychologischen und familiengeschichtlichen Komplikationen), die Einzelheiten, jene Minuten und Stunden der Freude und des Leids – man ist ein wandelndes Kompendium seiner eigenen Vergangenheit.
Wenn eine Gruppe von Leuten zusammenkommt, dann werden all ihre Reisebündel zu einem großen Haufen auf dem Fußboden des Wohnzimmers zusammengeschmissen. Diese Verschmelzung individueller Vergangenheiten ist ein Ereignis, das seine Zeit braucht, ist ein langsamer Prozeß. Aber sie ist auch unvermeidlich. Am Ende sind da keine Geheimnisse mehr (*fast* keine Geheimnisse, jedenfalls), alles liegt verstreut auf dem Boden, offen.
Die logische Folgerung dessen, was ich sage, ist, daß man vorsichtig sein muß, wen man fragt, ob er sein Leben mit einem teilen will, denn manchmal vertragen sich die benzingetränkten Lumpen in den Taschen der anderen nicht besonders gut mit den brennenden Zündhölzern im eigenen Reisegepäck. Wie bei der Erntedank-Schlacht.
Wie ist es möglich, daß neue Leute auf eine Farm wie die unsere kommen, um dort zu leben? Wie entscheidet man (oder besser, rät man), ob die neue Person dazu paßt oder nicht, ob sie eine echte Erweiterung der Gruppe in Geist und Erfahrung bietet?
›Vibrations‹.

Jeder menschliche Körper strahlt auf einer bestimmten Ebene diese ›vibrations‹ aus, wobei die Intensität ebenso wie die Qualität usw. variiert. Praktiziert man diese Methode (und wird sie zur Gewohnheit), dann kann man sofort sagen, mit was für einer Person man spricht, wie sie denkt, und was dabei herauskommen könnte, wenn sie bleibt und sich der Familie anschließt. Die Augen sind das wichtigste Medium für diese Kommunikation der ›vibrations‹. Alles, was man je über seinen Mitmenschen zu erfahren wünscht, steht in diesen Augen geschrieben; wieviel mehr würdet ihr verstehen, wenn ich euch das bei einer Tasse heißen Kaffees erzählen könnte, statt es in einem Buch niederzuschreiben.

Es war schwierig, irgendwelche besonderen Lehren zu ziehen aus dem großen Krach am Erntedankfest. Einerseits war es klar, daß das Überleben der Farm davon abhing, daß die blinden Passagiere das Schiff verließen; andererseits waren da die wachsende Unsicherheit, was das Zusammenbringen von Leuten betraf, und das kaum lösbare Problem des Verschmelzens der verschiedenartigsten Lebensgeschichten.

Am Ende blieb nur noch ein Fels, an den man sich wirklich klammern konnte: *Magie.*

In jenen alten Tagen (vor dem großen Zusammenbruch usw.) kamen immer wieder junge Leute auf die Farm (gewöhnlich am Wochenende) und sagten, sie hätten von uns gehört und ob wir nicht vielleicht irgendwelche neuen Leute brauchten? Es gab keinen Aufnahmeprozeß, keinen Einweihungsritus, nach dem wir neue Leute aufnehmen konnten – und durch diese Regellosigkeit war die Situation wirklich irre. Marshall auf der einen Seite wollte, daß die Farm auf einer irgendwie offenen Basis operierte. Das heißt, jeder, der auftauchte und einen Ort brauchte, wo er wohnen konnte, war ein potentieller neuer

Mitbewohner. Aber nach dem Erntedankfest neigten die Leute, die auf der Farm blieben, dazu, ziemlich vorsichtig in ihrer Beurteilung von Neuankömmlingen zu sein, und das ist bis auf den heutigen Tag so geblieben. Wir nehmen jetzt auch nicht mehr allzu viele neue Leute, denn das Land kann nur eine begrenzte Anzahl ernähren. Es ist eine schwierige Sache, dieses Leute-Abweisen, Typen, die offensichtlich sonst nicht wissen, wohin, und die weiterziehen müssen auf der Suche nach einem Platz, wo sie ihre Köpfe zur Ruhe niederlegen und ein neues Leben beginnen können. Wir haben es bis heute auch noch nicht gelöst, dieses Problem, außer daß es jetzt eine feste Familie von Leuten gibt, vierzehn bis zwanzig Mitglieder, und obwohl manche von ihnen dann und wann auf Reisen oder Abenteuersuche sind, so ist doch ihr Platz im Haus trotz ihrer Abwesenheit sicher und anerkannt.

Das Telephon klingelte, einmal, zweimal, Marshall nahm ab. Ich sah zu, wie er in das schwarze Instrument sprach, wie auf seinem Gesicht ein seltsamer Ausdruck entstand, die Augenbrauen sich langsam einander näherten, aber nicht ganz dazu kamen, sich zu berühren.

»Erinnerst du dich an diese drei Typen, die Anfang Herbst hier mal auftauchten?« fragt er mich, nachdem er wieder aufgehängt hat. Ich entsinne mich schwach, Pazifisten, ein Mädchen und zwei Männer.

»Die Lady von denen, sie heißt Mary Ann, die will kommen und eine Weile hierbleiben. Ich konnte sie nicht besonders gut verstehen am Telephon, sie hat aus Kalifornien angerufen, aber sie sagt, sie ist in ein paar Tagen hier.«

Frauen waren in den ersten eineinhalb Jahren Mangelware hier auf der Farm, es bestand große Nachfrage. Ich vermute, das hat damit zu tun, daß bis vor kurzem mehr männliche Freaks als weibliche auf der Walz waren, auf der Suche nach einem Ausweg. Frauen haben schon immer gezögert, allein auf die Reise zu gehen oder auch zu zweit; bis vor kurzem waren die Frauen, die auf die Farm kamen, um hier zu leben, gewöhnlich in Begleitung eines Mannes; aber meistens blieben die beiden nicht zusammen, nachdem sie hier angekommen waren.

Mary Ann erschien mit einem kleinen Beutel auf dem Rücken, all ihrem weltlichen Besitz. Was wir nicht wußten, an jenem feuchten Dezemberabend, war, daß sie schon fast zwei Monate schwanger war mit einem Kind, das sie nicht wollte. Gepäck.

Gentleman Tom, der Exzentriker, kam irgendwann im Januar an. Er kannte Marshall vom College, hatte gerade einen normalen Job bei einer Architektenfirma in Boston aufgegeben und wohnte in einem Apartment im obersten Stockwerk eines schäbigen Wohnblocks im North End. Im schmutzigen Hausflur des Gebäudes traten Wermutbrüder und Sozialarbeiter einander auf die Füße, und Tom führte rilkehafte Tagebücher seines Lebens in der Hafenstadt, Notizen über ein sich selbst auferlegtes Exil.

Tom, ein Wassermann, vierundzwanzig Jahre alt, war anfangs vorsichtig gegenüber dem, was er für zuviel »Loyalität gegenüber dem Ort« hielt. Er mißtraute jeder Bindung an eine Institution und ihn beunruhigte, nicht ohne Grund, das, was man von ihm hier auf der Farm erwartete.

»Nichts wird erwartet«, erinnere ich mich, ihm gesagt zu haben, »es gibt nur soviel ›Loyalität‹, wie du aufzubringen bereit bist. Es bestehen keine Anforderungen. Der Ort hier kann alles sein, was du wünschst, er möge es sein.«

Die Wichtigkeit des Ortes ist jedoch nicht zu unterschätzen, bietet er doch das eine, was wir alle ständig gemeinsam haben:

wir sind gekommen, um hier zu leben, auf diesem Land, und in Krisenzeiten, von denen es viele gegeben hat und auch weiterhin geben wird, ist es dieses übergeordnete Gefühl der Zugehörigkeit zu einem Ort, ebenso wie zueinander, das uns geholfen hat zusammenzuhalten. Dennoch muß der Ort immer sekundär sein in seiner Wichtigkeit nach der Familie. Sobald der materielle Raum das Übergewicht erlangt über den psychischen, hört die Magie auf.

John Anderson und Susan Maraneck kamen auf die Montague-Farm, um hier zu leben, und sie brachten mit sich Samuel Trickster Blowsnake III und seinen Stiefbruder Abraxas (ein zumindest teilweise englischer Apportierhund mit athletischem Stiernacken und dem sprichwörtlichen Herzen aus Gold). Bis zu ihrer Ankunft, kurz nach Neujahr 1969, hatte die Hundewelt nur aus Miß Joan bestanden, einer großen schwarzweißen Mischung aus Eskimohund und Collie, die aus dem Tierheim in Bennington zu uns auf die Farm gekommen war. Sammy, ein kurzbeiniger, kleiner brauner Hund mit einem ernsten schwarzen Gesicht verliebte sich über alle Maßen in Königin Joan und war ihr ständiger Begleiter, sowas wie ein Leibwächter: die beiden durchkämmten den Chestnut Hill auf der Suche nach wilden Abenteuern (Stachelschweine im Sommer, Hochwild im Winter), Joanie an der Spitze und Sam immer einen Schritt rechts hinter ihr. Abraxas, damals noch ein Welpe, blieb zu Hause. Später pflegte er sich zu ihnen zu gesellen, aber als John und Susan ankamen, war er noch zu klein, um mit den älteren Hunden loszuziehen. Sams Liebe zu Joan war grenzenlos, und es brach einem das Herz mitansehen zu müssen, daß Sam einfach zu kurz war, um es mit ihr treiben zu können, als Joan das erste Mal läufig wurde. Joanie erinnerte mich oft an eine große, kräftige Bluessängerin, und Sam, ihr Mann, der wartete immer geduldig an der Bar, bis die Abendvorstellung zu Ende war. Sam war kurz und stämmig, zäh, aber unfähig, Liebe zu machen (zweifellos eine Kriegsverletzung), weswegen sie auch immer den Blues sang. Aber Sam besaß eine gewisse Würde, die kleinen Hunden ebenso eigen ist wie kleinen Männern, und er hielt sich immer in Höchstform, ging in den Sportverein, die Sauna und dergleichen. Wir wußten, daß er Geld in Aktien angelegt hatte, aber er vermied es, irgend jemandem auch nur anzudeuten, ob er Gewinne machte. Nachdem sie eine Weile auf der Farm waren, erzählte mir John, daß der Bursche, der ihm Sam als Welpen gegeben hatte, versichert habe, er werde ein großer Hund werden, steckte doch vermutlich auch ein bißchen deutscher Schäferhund in ihm. Nur wurde nie etwas daraus. Ein letztes Wort noch über Sam: er war jüdischen Glaubens, vielleicht ist das eine Erklärung für seine stoische Weltanschauung. Er war besorgt um seine Gesundheit. Er jagte nie die Autos, die den Hügel heruntergerauscht kamen, sondern pflegte nur ruhig auf der Veranda zu sitzen, kopfschüttelnd über jene anderen Hundetiere und ihren Mangel an Lebensart – was wollten sie eigentlich machen, wenn es ihnen wirklich einmal gelingen sollte, einen Buick zu *fangen?*

John und Susan waren Zuwachs zu der Familie, der ebenso nötig wie willkommen war. John, Schütze wie ich selbst, ist ein sehr talentierter Bursche, in Minnesota geboren mit schwedischen Vorfahren. Er hat Temperament, aber kontrolliertes: John ist ein Bergman-Held, gutaussehendes Habichtsgesicht, und wenn sein Temperament ihn überkommt, dann erkennt man es nur daran, daß sein schmaler Kieferknochen sich leicht bewegt, in einem stetigen Vibrieren. Susan, die auch aus dem Mittelwesten kommt, ist dünn und blond wie John; sie spricht mit leiser Laureen-Bacall-Stimme, und sie bringt uns durch den Winter mit ihrem erstaunlichen Humor. Bald nach ihrer Ankunft gab sie ihren Job in der Bibliothek des Smith College auf und verbrachte die meiste Zeit mit Malen, dem Backen von unglaublich gutem Hefebrot und damit, das allgemeine *ambiente* (ein spanischer Ausdruck für gute ›vibrations‹) immens zu steigern. John und Susan waren sehr eng mit Ira befreundet gewesen, und er hatte auch als erster vorgeschlagen, daß sie kommen und mit uns leben sollten.

Januar, der Monat der Anfänge, der guten Vorsätze, Versprechen und dergleichen. Der Anfang vom Ende. Januar 1969, das letzte Jahr jenes absurd stürmischen Jahrzehnts, in dem wir ein für allemal mündig werden sollten. 1970 würde später jenen, die überlebten, gelten als das Jahr Eins.

Der Januar brachte nun wirklich den Winter, und obwohl es ein äußerst grimmiger war (die Einheimischen behaupteten, es sei der schlimmste seit dreißig Jahren), war er doch die absolute Hoch-Zeit für die Farm. Das überwältigende Gefühl eines gemeinsamen Kampfes gegen die Elemente brachte uns alle zusammen; obwohl niemand es in Worten aussprach, hatte doch jeder von uns es in seinem/ihrem Herzen und Sinn: »Wenn wir es schaffen bis zum Frühling, dann wird die Farm überleben.« Der erste Winter ist immer, worauf es ankommt.

Der Januar sah den Liberation News Service of the New Age verlöschen wie eine ausgebrannte Glühbirne. Aber wer braucht schon elektrisches Licht, wenn er die Sonne selbst haben kann? Wir nannten uns selbst LNS-of-the-New-Age, um unsere Sendungen zu unterscheiden von denen des politischen Kollektivs in New York; aber es war von Anbeginn eine Tautologie, denn wenn wir wahrhaftig an der Schwelle eines neuen Zeitalters standen, würde jede Agentur, die ›Befreiung‹

anbot, automatisch überholt sein (d. h. auch die Leute, die anderen sagen, wie sie frei werden können).
Der Januar war Zeuge der Unwilligkeit alter Autos anzuspringen. Er sah gefrorene Wasserrohre, Kaminfeuer und Schnupfnasen, Erkältungen, die einfach nicht enden wollten. Es war im Januar, daß die Farm ihren ersten Namen bekam: das heißt, wir hatten schon viele Namen für sie gehabt, aber keiner blieb haften. Es gefiel uns nicht, sie LNS-Farm zu nennen (obwohl es die meisten einheimischen Leute eine Zeitlang taten), und die Gründe dafür waren offensichtlich – die Farm sollte mehr sein, als gerade dieser Name implizierte. Dann, eines Abends, es war gegen Ende des Januarmonates, kam Marshall zur Küchentür herein, grinsend von einem Ohr zum anderen. Er war draußen in Stockbridge gewesen, um Arlo Guthrie zu besuchen und sich die Filmarbeiten anzusehen für *Alice's Restaurant.*
»Kennt ihr den Song ›Pretty Boy Floyd‹«, fragt Marshall, in seinen Augen blitzt es.
»Klar.«
»Nun, so sollten wir unsere Farm nennen, Pretty Boy Floyd Associates, denn der letzte Vers von dem Song heißt: ›Egal, wie weit du wanderst, egal wie weit du reist, nie findest du einen Geächteten, der eine arme Familie aus seinem Hause weist.‹ Und weiß Gott, wir sind ebenso Geächtete wie eine arme Familie.«
Der Januar mußte auch mitansehen, wie Richard Milhouse Nixon in sein Amt als achtunddreißigster Präsident der Vereinigten Staaten eingeführt wurde.
Die Windschutzscheibe von Wildebiest war mit einer dünnen Eisschicht bedeckt. Der Wagen selbst hatte eine säuberliche Schneedecke auf Dach, Kotflügeln und Motorhaube. Ray, der von seiner Farm in Vermont heruntergekommen war, und ich

verbrachten ein paar Minuten damit, mit unseren Kratzern auf der Scheibe herumzuschaben und Salz auf das gefrorene Glas zu schütten. Die winzigen Salzkörnchen schmelzen sich in das Eis hinein, und dann ist es einfacher, die Scheibe sauberzukratzen. Das Scheinwerferlicht von dem geparkten, aber im Leerlauf sich mühsam warmhaltenden Wagen warf zwei Bündel Licht auf das Haus, die es wie zu Filmaufnahmen beleuchteten: ein großes, weiträumiges Farmgebäude im tiefsten Winter, und urplötzlich war ich in der Schlußszene von *Schießen Sie auf den Pianisten*, auch ein Farmhaus auf einem Hügel im tiefsten Winter, eine Familie von Geächteten, die versucht, sich durchzuschlagen.

»Wir können los«, sagt Ray, zieht seine rote Wollmütze enger um den Kopf, wickelt den karierten Schal fester um den Hals und zieht ein reichlich verknicktes Päckchen Pall Mall aus der Tasche seines Lodenmantels, all das gleichzeitig. Man muß in Bewegung bleiben, um sich im Winter warmzuhalten.

Die Heizung im Wagen funktioniert, obwohl man sie kaum spürt, auch wenn sie auf vollen Touren läuft. Marshall kommt jetzt aus dem Haus, die Kapuze seines Parka über den Kopf gezogen und unter dem Arm eine dünne Aktenmappe, gottweißwas drinnen.

Wir sind auf dem Wege nach Süden, Washington, D. C., Feier zur Amtseinführung von Präsident Nixon und Vizepräsident Agnew. Es ist Ende Januar. Ich kann mich nicht genau erinnern, was den Anstoß zu so einem Trip gegeben hat, außer daß der Winter die richtige Zeit für lange Reisen im Auto ist.

Mehr als neun Monate waren vergangen, seit der LNS aus Washington nach New York (Durchgangsstation) umgezogen war und dann auf die Farm. Marshall und Ray wollten die Fahrt aus einer gewissen Nostalgie machen: Washington, erbärmlich und dekadent wie es war, blieb Geburtsort des

LNS, und es war in der Hauptstadt gewesen, wo Ray und Marshall einen großen Teil ihrer chaotischen, revolutionären Abenteuer bestanden hatten, und jetzt kehrten sie zurück in Zivilkleidung – die verrückten Freaks, die dem *Washington Star* (ganz zu schweigen vom FBI, CIA, CID, BBC, usw.) im Herbst 67 und im Winter 68 soviel Material geliefert hatten, sie wollten jetzt unerkannt in einem zehn Jahre alten braunweißen Wildebiest in das Hauptquartier der Nation schlüpfen.

Highway 91, der Merritt Turnpike (Stelle, an der Straßenzoll bezahlt werden muß), Big Apple, der Reihenfolge nach. Als wir uns New York näherten, schienen die Zeichen des Winters zu verschwinden. Es war noch immer sehr kalt, aber weniger und weniger Schnee war zu sehen. Wir konnten unseren Zwischenaufenthalt in der Stadt kaum erwarten, da Mad John gerade aus Marokko via London angekommen war; er und Wonderboy hatten sich irgendwo in der Gegend von Marrakesch getrennt und jetzt, nicht ganz dreieinhalb Monate später, war Long Tall Johnny wieder in New York gelandet und arbeitete in einem Ingenieurbüro, um für den geplatzten Scheck zu bezahlen, den er der Fluggesellschaft angedreht hatte, damit er mit Laz nach Madrid fliegen konnte. Wir waren alle sehr gespannt darauf, wieder mit ihm zusammenzusein und die Geschichte seiner Abenteuer zu hören und herauszufinden, was Laz'rus passiert war. (Laz, so stellte sich heraus, hatte eine *au-pair*-Stellung in London angenommen und wollte Anfang des Frühlings wieder auf die Farm zurückkehren.)

Ich freute mich auf New York, weil Cathy seit drei oder vier Tagen dort war und bei der Columbia University Press arbeitete, wie schon früher (sie hatte dem Verlag im vergangenen August gekündigt, als wir auf die Farm gezogen waren). Man hatte ihr schnellverdiente hundert Dollar angeboten für ihre

Hilfe bei der Schlußredaktion des Jahrbuches. Es war sechs lange Monate her, seit wir die Stadt verlassen hatten, obwohl es uns wie sechs Jahre vorkam.

Die Fahrt von der Farm in die Stadt dauerte gewöhnlich vier Stunden, was natürlich davon abhängt, welches der alten Vehikel man benutzt. Die Volkswagen brauchen viereinhalb, aber das Wildebiest macht auf freier Strecke gleichmäßige hundertzehn (schneller geht's nicht, denn sonst fängt das vordere Ende fürchterlich an zu rütteln); Mad Johns VW Kabrio, Aubrey genannt, braucht so zwischen sechs und acht Stunden. Ungelogen. Ein flotter Schlitten kann die Reise in etwas mehr als drei Stunden bewältigen. Wir wußten, daß wir nicht vor Mitternacht die George-Washington-Brücke erreichen würden, also machten wir drei es uns bequem und ließen das alte Wildebiest vor sich hinfahren, während wir dampfendheißen Kaffee aus Pappbechern schlürften, die wir im Mister-Donut-Laden am Highway kurz nach Springfield erstanden hatten.

Raymond und Marshall fingen an, Erinnerungen an die alten Tage in Washington auszutauschen. Zuerst begann der eine mit einer Geschichte, dann ergänzte sie der andere, und so ging es hin und her, bis schließlich alle Einzelheiten und Nuancen ausgeschöpft, all die losen Fäden zusammengeknüpft waren, und wir am Ende ausgelassen lachten. Wir stahlen uns mutig über die Massachusetts/Connecticut Grenze, und wenn es auch keine merkliche Veränderung der Gegend, keinen Unterschied in der Straße und den Plakaten am Straßenrand gab, so konnte man doch spüren, daß man sich der Stadt näherte, der Zivilisation, dem Krebsgeschwür. Tiefer und tiefer drangen wir in das verwesende Herz, alle Straßen führten wie blauschwarze Venen zum Big Apple, wo sie sich wie tausend verschiedene Zementwürmer kreuzten und überlappten, ohne auch nur im geringsten zu zögern.

Wir hatten zwei oder drei Joints mit mexikanischem Gras, die Ray schlauerweise mitgenommen hatte für den Trip nach New York, und als wir schließlich nach New Haven kamen, waren wir alle drei mächtig angeknallt. Ich machte das Radio an in der Hoffnung, irgendeinen Sender mit heißer Rock-and-Roll-Musik zu erwischen, etwas von dem lauten Zeug, bei dem die Diskjockeys wie die Irren quatschen, eine ganze Meile in der Minute, Speedfreaks, die sie sind. Es gibt da eine bestimmte Stelle hinter New Haven, wo man zum ersten Mal WABC reinbekommt, die Rund-um-die-Uhr-Station (»Hallo, Freunde, hier ist euer aller lieber Vetter Brucie«), die einem die ganze Nacht jenes unvergeßliche Gekreische bietet, das sich seit dem halben Jahr, da ich weggezogen bin, nicht geändert hat. Und obwohl wir in der Dunkelheit umgeben waren von den staubbedeckten Bäumen beiderseits des Merritt Turnpike, beschworen doch die ›vibrations‹ aus dem Kasten sofort aufblitzende Bilder der Skyline von New York City, oder schlimmer noch, vom Times Square am Silvesterabend, den Menschenmassen, die auf die Jahreswende warteten; es war, als ob das Radio uns die Ouvertüre sendete, die Eröffnungstakte der Musik eines Films, der abzuspielen begann.
Nach ein paar Minuten unaufhörlicher Werbeeinblendungen (»Haben Sie die Kälte satt? Fliegen Sie mit der Entführ-mich-doch-nach-Kuba-Airline, und Sie sind in zwei Stunden am Strand vom Palm Springs,« blah-blah) stellte ich einen neuen Sender ein, es gab keinen Grund für eine so schwere Dosis New York, wo wir doch in ein oder zwei Stunden das wahre Zeugs schlucken mußten. Ich fand eine lokale Radiostation aus Connecticut. Ihr kennt die Sorte, sie spielen Songs von den Beatles oder den Beach Boys, aber im Muzak-Stil von 59. Eine Männerstimme, ernst und schrecklich wichtig, erfüllte den Kombiwagen:

»Verschwenden Sie zuviel wertvolle Zeit mit Reisen? Verringern Ihre leitenden Angestellten ihre Leistung durch Zeitverluste auf Geschäftsreisen? Wenden Sie sich an Hartford, New York, das Unternehmen für den Luftpendelverkehr, jetzt neue Preise. Schließlich«, und die Stimme wurde laut und eindringlich, »ist Zeit doch Geld!« Ich drehte das Ding fast ganz ab, wandte meinen Kopf von der Straße ab und schickte ein langes angeturntes Lächeln zu Ray, der in sich zusammengesunken in der äußersten Ecke des Beifahrersitzes hockte. *Zeit ist Geld,* dachten wir beide zur gleichen Zeit.
»Hui! Diese Burschen wissen wirklich nicht, was sie sagen«, intoniert Raymond hinter seiner randlosen Brille, dunkle Gläser, obwohl die Nacht draußen um den Wagen herum schwarz und auch innen kein Licht ist, da die Lampen am Armaturenbrett nur sehr schwach scheinen, schlechte Sicherungen.
Er zündet eine Pall Mall für mich an, und nachdem ich einen tiefen Zug getan habe: »Es ist schon ulkig, Ray, aber das ist die Frage, die alle wissen wollen, die Besucher, die auf die Farm kommen. ›Wo kriegt ihr Leute eigentlich euer Geld her?‹ Aber wir haben doch gar kein Geld. Alles, was wir haben, ist *Zeit.*«
»Ja«, Ray ist darauf eingestiegen, das Gras hat uns locker und hellsichtig gemacht, Marshall hat in der letzten Stunde keine zwei Wörter von sich gegeben, »wie der Mann schon sagt, Zeit ist Geld. Da wir eine Menge Zeit zur Verfügung haben, müssen wir...« hier macht Ray eine Pause, um sich zu räuspern, »müssen wir reich und unabhängig sein!« Und wir alle brechen in Lachen aus. Hier sind wir, wir drei, reisen in einem zehnjährigen Auto ohne Auspufftopf und Rücklichter, gerade genug Kohlen in der Tasche, um das Benzin zu bezahlen und vielleicht ein paar Hamburgerchen unterwegs zu kaufen, zwei

Farmen auf dem Hals mit zwei Hypotheken, die zwanzig Jahre laufen und noch zu bezahlen sind (und wer von uns erwartet, so lange zu leben, um die vielen Raten wirklich zu bezahlen?), leben seit Monaten von braunem Reis und Kürbis, und wir sind reich und unabhängig! Ja, das ist einleuchtend, wirklich, es leuchtet ein. Denn *Zeit* ist wirklich das, worum es geht. (Das Wort *es*. Kesey sagt, man kann ihnen erklären, »wo es lang geht«, aber nicht »was *es* ist!« Aber *es* ist das Leben, das *LEBEN*, und wie man darangeht, es zu leben.) Unsere Zeit ist, zum größten Teil, unsere eigene. Gelegentlich nehmen Leute von der Farm Jobs an, um Geld für die Hypothekenraten aufzubringen, aber im allgemeinen scheinen wir doch alle mit unserer Zeit so ziemlich zu tun, was wir wollen. Unser Brennmaterial schaffen wir uns durch eigene Arbeit, ebenso wie das meiste unserer Nahrung, und obwohl es natürlich immer unglaublich viel Arbeit auf der Farm zu tun gibt, ist es gewöhnlich nur Spiel.

»Würdet ihr Männer da vorne vielleicht einmal so lange aufhören zu reden, um euch dem hier widmen zu können«, sagt Marshall vom Rücksitz her, sein langer knochiger Arm streckt sich über die Lehne nach vorn und trennt Ray und mich wie ein Schlagbaum. Aber am Ende dieses Schlagbaums befindet sich, sorgfältig geschützt in Marshalls Handfläche, eine glitzernde Messing-Haschpfeife mit einem Klümpchen nußbraunem Hasch, das im Pfeifenkopf glimmt und einen langen Streifen grauen Rauchs hinaufschickt, der höher steigt und immer höher, bis er gegen die Wagendecke stößt und sich verflüchtigt.

Wir verließen New York in einer Karawane von zwei Wagen, dem Wildebiest und Brian Keatings Superauto, einem alten vergammelten Valiant. Marshall fuhr bei Brian und Pat und ihren Kindern mit, Gully John und Sarah; in unserem Wagen saßen Cathy (nicht im geringsten abgeschlafft von ihrem dreitägigen Gastspiel am alten Arbeitsplatz), Raymond und Carl Nagin.

Wir surrten durch das südliche New Jersey, und mir wurde bewußt, daß ich dieselbe Fahrt nach Washington schon vor vier Jahren gemacht hatte – damals fuhr ich zur Amtseinführung von Lyndon B. Johnson und Hubert Humphrey als Smokingbekleideter Begleiter einer Barnard-Studentin im ersten Semester, auch ich hatte gerade in Columbia angefangen. Ich erinnerte mich an die Cocktail-Parties und den großen Amtseinführungsball (er fand in der Nationalen Exerzierhalle unter einem gewaltigen Banner statt, auf dem eine Blockhütte abgebildet, aus deren Schornstein es rauchte, zweifellos ein Hinweis auf LBJs bescheidene Herkunft); hinterher suchten wir nach einer Bar, die die ganze Nacht geöffnet hatte. Schlüssel-Clubs nennt man das, glaube ich, und ein riesiger Neger brachte uns mit seinem Taxi in einen Laden, der Crows s Toe hieß, ich im Smoking, und sie in einem rosa bodenlangen Abendkleid, das von einer bestimmten, rein amerikanischen Unschuld kündete. Vielleicht ist Unschuld nicht ganz exakt Ausdruck für jenes bodenlange rosa Gewand, eher Schutzschild, ein Colgate-Gardol-Schild aus Plastik (unsichtbar, aber sicher!), das einen vor Belästigungen und Überfällen jener bewahrt, die weniger glücklich dran sind als man selbst, bewahrt, *weil man sie nicht sieht.* In der Welt des rosa Chiffon sind jene Leute eindimensionale Typen, und man hat von ihnen nichts zu fürchten ...

Aber eine Menge seltsames Zeug war in den vier Jahren passiert. Wir alle begannen ein bißchen klarer zu sehen, wir sahen *sie,* die Leute um uns herum, und wichtiger noch, wir begannen uns selbst zu sehen. Für diejenigen von uns, die mit Penissen geboren waren anstatt mit Vaginas, wartete der

Kriegsdienst, sobald wir unsere Universitätsausbildung abgeschlossen hatten, und unser richtiges Leben begann. Wenn man dem entkam – und wenn man weiß war und zur Mittelklasse gehörte, fand sich immer ein Weg, dem Dienst in der Armee zu entkommen –, wartete immer schon irgendein Job in irgendeiner Totaler Tod A. G.

Musik hatte verdammt viel zu tun mit den umwälzenden Veränderungen. 1964, das Jahr, als ich im Smoking zu Johnsons Amtseinführung anreiste, war (nicht zufällig) das Jahr, als die Beatles auf der Szene erschienen. Die Musik machte gute Laune, und mehr noch, sie gehörte ganz besonders dir, nur dir, und nur Leute deines Alters, Leute mit gleichen Köpfen wie du, konnten wirklich in die Musik einsteigen, wirklich auf ihr stehen. Und zusammen mit der Musik kam die Sprache, egal, woher sie kam – egal, daß alles zurückführbar war auf bestimmte kulturelle und historische Wurzeln, nämlich die Jazz-Periode; es war eben ein Comeback in dieser Zeit und an diesem Ort, und das war es, was zählte. Es war für uns neu.

Die Amerikaner hatten zulange sich selbst, ihr Leben, die Minuten und Stunden ihrer Tage Hollywood unterworfen: Der Masse der Menschen waren die Gehirne gewaschen, bis sie ihr eigenes Leben für langweilig hielten und uninteressant, wohingegen das Leben der ›Stars‹ glamorös und abenteuerlich war. Und die Leute lasen die Filmmagazine, um dasselbe Zeug zu erfahren, das ihnen auch passierte – bei welchem Schlachter kauft Grace Kelly ihre Schnitzel, mit wem Clark Gable 1948 schlief usw. Aber dann kamen die Drogen und halfen, alles zu verändern. Die Leute turnten sich an, Millionen von Leuten, und sie begannen ihr eigenes Leben zu sehen als ›Film‹, als abendfüllenden (lebensfüllenden!) Spielfilm, in dem sie selbst die Stars waren. Die Leute knallten sich an, und sie wachten auf. Sie wachten auf, um festzustellen, daß ihr Leben verdammt interessant war, begannen an den Verwicklungen Spaß zu haben, an den Komplikationen. Sie lasen nicht mehr länger die Filmmagazine wegen der Klatschgeschichten über ihre Lieblingsstars, denn es bestand kein Bedürfnis mehr nach Egoübertragung auf nationaler Basis. Filmstars wurden jetzt zu normalen Leuten: Sie wurden Politiker. Und über Politiker weiß jeder Bescheid. Sie sagen eine Sache, wenn sie eine andere meinen, sie lügen und betrügen und stehlen, sie sind einfach die *allerschlimmsten* normalen Leute.

»Mach das Radio lauter, mach das Radio lauter«, bricht Carls Stimme in meine Gedanken ein.

»Hmm? Oh, ja«, sage ich, und mir fällt wieder ein, daß ich diesen Wagen hier fahre; wir sind auf dem Weg nach Washington, nicht um zu protestieren, sondern allein um des Abenteuers willen, um der Fahrt willen.

»Und jetzt die ›Doors‹ mit ihrem Song ›Light my Fire‹.« Die Stimme des Ansagers, glatt und mit Südakzent aus dem Herzen von Baltimore.

»Hoffentlich ist es die lange Version«, sagt Carl, »du weißt schon, die auf der LP.« Jim Morrison (Mr. Orgasmus) erfüllt jetzt den Kombiwagen, jeder ist jetzt ganz weg in der Musik, und sicher, es ist die lange Version mit dem wimmernden Orgelsolo in der Mitte, und wir alle grinsen, ein besonderer Hochgenuß. Wir rasen jetzt durch Maryland, eine Nacht im Januar, und ich drehe mich um, sehe Carl und Ray auf dem Rücksitz, mit den Füßen stampfend und die Finger schnippend, die schöne Cathy vorn, auch sie im Takt der Musik. Der Song kommt zum Schluß, alle Instrumente heulen, und der Ansager schreit in den letzten zerrenden Ton: »Die Doors!«, als sei es ein Live-Konzert, und im Wagen applaudieren wir begeistert und instinktiv, wir applaudieren, weil es unheimlich dufte war und wir Typen sind, denen es verdammt gut geht.

Wir betrachteten die Parade auf der Pennsylvania Avenue und standen mitten in einem Haufen von Freaks, die »Power to the People« schrien. Die gepflegte schwarze Limousine von Mr. Nixon und seinen Freunden schoß an uns vorüber, ohne die Fahrt zu verlangsamen.

»Up the ass of the ruling class« (»Scheiß auf die herrschende Klasse«), schrie Marshall, wieder und wieder, bis einige andere mit einfielen. In einer Hand hatte er seine Tasche, in der anderen einen langen schwarzen Regenschirm. »Up the ass of the ruling class!«

»He, was soll denn das? Sowas zu sagen!« Ein sehr junger Bursche, nicht älter als vierzehn, hockte auf einem Baum in der Nähe (um die Herrschenden besser sehen zu können, vermute ich) und schrie Marshall an. Er war wirklich sehr wütend. »Power to the People. Right on!«

Bloom drehte sich zu Cathy und sagte: »Die Anfänger erkennt man doch immer wieder, sie kennen einfach nicht die alten Schlachtrufe aus der Schulzeit.«

An dem Abend, als wir zurückkehrten von dem, was unser letzter politischer Akt gewesen sein sollte, war auf dem Türgriff in der Küche Eis. *In der Küche!* Gewöhnlich wurde die Küche ganz schön kalt des Nachts, nachdem das Feuer ausgegangen war und die Leute sich in ihre Schlafzimmer oder das Wohnzimmer zurückgezogen hatten. Aber noch nie war der Türgriff *innen* gefroren gewesen und auch die Scheiben *innen* nicht.

Marshall, Cathy und ich (wir hatten Ray in New York abgesetzt, er wollte mit Johnny Wilton spielen) fingen an zu lachen, aber es war trotzdem ziemlich erschreckend. Ich machte ein kleines Feuer im Herd, und wir hauten uns ein paar Pfannkuchen in den Magen (Marke Midnight Rambler) und machten uns einen Topf starken Kaffee.

Washington hatte eine Menge Dinger klarer gemacht, als sie

lange gewesen waren. Wir besprachen unsere Reise einzig in Formulierungen über die komische Absurdität der ganzen Szene. Aber trotzdem hatten wir Ernsteres erfahren: unsere Vermutungen, unser Argwohn, daß die einzige Bewegung, die zählt, die im eigenen Verstand, im eigenen Körper und (hoffentlich) im eigenen Geist ist, hatten sich allen bestätigt.

Eine Unterbrechung

Was die Bäume sagten

> Das geheimnisvolle Gott-Lächeln in den Bäumen und in der Teekanne, in Asche und Farn, Feuer und Ziegel, Fleisch und Hoffnung menschlichen Geistes. Alle Dinge, weit entfernt von der Sehnsucht, wieder vereinigt zu sein mit Gott, hatten niemals sich selbst verlassen, und hier sind sie, Dharmakaya, die Substanz des Wahrheitsgesetzes, die Universale Diesheit.
>
> Jack Kerouac aus: *The Scripture of the Golden Eternity*

Der Augenblick des Zögerns, bevor man einen psychedelischen Pilz ißt: es ist ein Gefühl, das man nie ganz überwindet, und da ich an jenem Tag meinen ersten Meskalintrip nehmen wollte, waren Furcht und Zittern (vor den unbekannten Regionen des Geistes) um so stärker. LSD zu schlucken, Meskalin, Peyote, Psilocybin, ähnelt in mancher Beziehung dem sich Festschnallen auf einem Sitz in einem Düsenflugzeug. Jenes anfängliche Unbehagen, wenn das Bugrad des Flugzeuges sich abhebt von der Startbahn, aber die hinteren Räder noch Bodenberührung haben: jener besondere, unbeholfene Augenblick in Zeit und Raum, der verzweifelte Versuch, die Erdanziehungskraft zu durchbrechen mit gewaltigen benzinschluckenden Maschinen – in dem Augenblick schließe ich gewöhn-

lich fest meine Augen und denke an absolut nichts, erkenne den Terror an, den es bedeutet, Null-Kontrolle zu haben über das Leben, den eigenen Körper, die Elemente und die Umgebung rundherum.

Wir hatten während unserer ersten sieben Monate keine Meskalin-›Familientrips‹ gemacht. Einzelne hatten auf der Farm privat Trips genommen, aber nicht allzu oft. Das Leben war ziemlich unsicher während des ersten Herbstes und des frühen Winters auf der Farm, und es gibt eine Maxime, was günstige Umstände für einen Trip betrifft: wirf ihn an einen Ort, wo du dich sicher fühlst, und mit Leuten, bei denen du dich sicher fühlst. Die Dinge waren in jenen ersten Tagen der Kommune sowieso schon so ausgeflippt, daß niemandem danach zumute war, durch solche ›Reisen‹ die psychische Verwirrung noch zu vergrößern. Wenn man jetzt zurücksieht, hätte es uns vielleicht gelingen können, einige der ernsthafteren persönlichen Komplikationen mit ein paar Gruppentrips zu lösen. Wochenendbesucher pflegten meistens ein paar Gramm gutes mexikanisches Gras bei uns zurückzulassen, und es schien, als sei immer ein wenig Haschisch irgendwo im Haus. Mein Freund Jay sagt, eine der magischen Eigenschaften von psychedelischen Drogen sei, daß die Leute sie im allgemeinen nicht nehmen, bevor sie nicht reif dafür sind – obwohl das Wort ›reif‹ natürlich tausend verschiedene Bedeutungen haben kann. An jenem Tag im Februar 1969 war ich ganz bestimmt ›reif‹ dafür.

Ein Freund von Marshall hatte ihm mehrere Tabletten synthetisches Meskalin gegeben, und jetzt legt er sie in einen Becher aus Pyrexglas, der auf dem langen hölzernen Küchentisch steht. Um den Tisch versammelt sind einige Mitglieder der Familie: John, Susan, Carl, Jesse, Cathy, Tom, seine Schwester Anna und ihre Freundin Katha (zwei Studienanfängerinnen aus Radcliffe, die zum Wochenende auf die Farm gekommen sind, um einmal in Natur zu sehen, wie Kommuneleben vor sich geht), Kitty und ich. Marshall steht über den Becher gebeugt mit einem Eßstäbchen und quirlt es schwungvoll herum, als mixe er einen Cocktail.

Der Becher hat rote Markierungen, und Jesse sagt, wieviel jeder trinken soll. »Bis hinunter an den nächsten roten Strich«, und der Becher wandert herum. Als sich die purpurnen Tabletten mit dem Wasser im Becher vermischten, färbte sich die Lösung vor unseren Augen zu einem pulverisierten Hellblau. Alchimie! Ich koste das kreidige Zeug auf meinen Lippen, erst langsam, dann trinke ich meinen Anteil. Ich sehe, wie Cathy den Becher an die Lippen hebt, ihr Blick trifft den meinen.

Es war früher Nachmittag, als wir alle beschlossen, es sei ein guter Tag für Bananenfisch, heller, klarer Himmel mit brennender Wintersonne. Nur ein Hauch von Schnee lag auf dem Boden, aber bald nachdem wir das Meskalin geschluckt hatten, begann der Schnee herunterzukommen, leicht zuerst, dann stärker. Nicht allzu ungewöhnlich, nein, für diese Gegend, für Neu-England, sonniger Himmel und Schneegestöber. Als wir dann immer höher und höher stiegen, wurde der Schneefall stärker und stärker, bis schließlich die Sonne ganz hinter einer dicken, alles verdeckenden Tapete metallgrauer Wolken verschwunden war. Wolken prall von Hagel und Schnee, wie saftige Kuheuter, die darauf warten, gemolken zu werden.

(Old Moores Almanach sagte, dieser Schnee werde der große Schnee sein. Und wie sich herausstellte, sollten wir drei Tage lang eingeschneit sein – das einzige Mal, daß sowas in den drei Wintern auf der Farm passierte.) Toms Schwester und ihre Freundin wollten wieder zurück nach Cambridgetown, aber ich brachte sie dazu, mich zuerst hinunterzufahren zu Lee Lund's Community General Store in der Stadtmitte, wo ich ein paar Dinge besorgen wollte; ich fürchtete mich selbst zu fahren, da ich gerade erst das *mescalito* genommen hatte und mir nicht sicher war, was als nächstes passieren würde. Ich fühlte mich sehr high, mehr nicht, einfach angenehm angeknallt und durch den Schneesturm gleitend, in Annas rotem VW, sicher und warm, ich fühlte mich, als führe ich in einem Kissen durch dicke weiße Daunen.

Ich kaufte die Sachen im Laden ohne Schwierigkeiten: eine Dose Filterkaffee, eine Stange Pall Mall Zigaretten, und dann fuhren mich die Mädchen wieder zurück bis zum Fuß des Hügels. Als ich über die schmale Fußgängerbrücke ging (der normalerweise spärliche Fluß unter ihr war angeschwollen, es rauschten die Eisschollen) und dann zum Farmhaus hinauf, gesellte sich unser nächster Nachbar, Bill Reopel, zu mir, der einen Spaziergang im Schnee gemacht hatte. Ich habe euch bis jetzt noch nicht gesagt, daß der Tag meiner ersten Meskalinerfahrung ein Sonntag war, aber so war es. Vielleicht war es ein Zufall, daß wir den Tag der Ruhe für unser Stammessakrament gewählt hatten, etwas, das wir wiederholen sollten den Rest des Winters hindurch und zu Beginn des Frühlings: Familientrips an Sonntagen. Man neigt dazu, mit psychedelischen Drogen Muster zu prägen, Formen, die wiederkehren, und ich vermute, jenes waren zwei subtile, aber besondere Prägungen, die wir beim ersten Mal festlegten: das Sakrament am Sonntag zu nehmen und daß Bill Reopel immer auftauchen sollte, kurz nachdem wir den letzten Rest unseres Stoffs genommen hatten.

Bill arbeitete in der Verlagsabteilung der University of Massachusetts. Er mochte gerne einen schlucken, und eines schnäpsernen Abends überfuhr er dabei das Gardenienbeet einer Dame, und das kostete ihn leider seinen Führerschein für ein ganzes Jahr. Draußen in den Wäldern zu wohnen, ohne ein

Auto benutzen zu können, war eine reichlich schwierige Sache. Reopel, der um die dreiunddreißig ist, hat einen Universitätsabschluß und ist ein belesener, opernliebender Bursche. Wären Dinge und Zeiten anders für ihn verlaufen, dann hätte er am Ende wahrscheinlich auf unserer Seite des Gunn Brooks gelebt, statt auf seiner. Was sagen soll, er ist ein echter Außenseiter, ein exzentrischer Freak in Zivilkleidung, verkleidet als Redakteur eines Vorlesungsverzeichnisses, der ein unauffällig nettes Benehmen hat. Aber in der Zeit, als er aufwuchs, in den fünfziger Jahren, da waren die Möglichkeiten, einem gefangenen Leben zu entkommen, schwer. Wir, die wir erwachsen wurden in den sechziger Jahren, hatten doch zumindest die Stärke und den Beistand der Menge für uns – denn es freakten die Leute in jeder Großstadt und in jeder Kleinstadt auf dem Lande aus. Ich weiß, es kam Bill mehr als einmal der Gedanke, er solle doch alles hinschmeißen, sich den Farmfreaks auf der anderen Straßenseite anschließen, seine Kreditkarten zum Fenster hinausfeuern, die Mitgliedskarte vom Schallplattenclub hinterher (›4 beliebige Platten nur einen Dollar!‹), die Kreditkonten bei Brooks und Abercrombie's, einfach sagen: Scheiß drauf! Aber wenn es ihm in den Sinn kam, dann ging es immer sehr schnell, am einen Ende hinein, einen Augenblick der Überlegung, und dann am anderen Ende wieder hinaus.

Also da sind wir beide, der Schnee kommt eimerweise herunter, wir latschen die Straße hinauf, entlang an dem zusammengefallenen einklassigen Schulgebäude, dessen Überreste sich an der Ecke befinden, wo Bill links abbiegen muß, um zu seinem Haus zu kommen, und ich rechts, um zu unserem zu gelangen. Ich lade ihn ein, mit hinauf auf die Farm zu kommen, und er sagt zu. Der Hals einer halbleeren Flasche J & B Scotch sieht vorwitzig heraus aus seiner Manteltasche.

Perfekt, einfach perfekt, dachte ich, ich auf einem Trip und Bill angesäuselt, der Schnee fällt und alles ist in Ordnung mit der Welt.

Wir landeten auf der Veranda, knallten die Sturmtür hinter uns zu. Auf der Veranda stand ein kleiner, dunkelbrauner Holztisch, ein Nähtisch mit ledernen Intarsien. Mir war nie zuvor dieses Möbelstück in irgendeinem Raum des Farmhauses aufgefallen.

»Was für ein hübscher Tisch«, rief Bill aus, ihn zweifellos wegen seines antiquarischen Wertes bewundernd.

»Seltsam«, sagte ich, nicht so sehr zu Bill, als vielmehr zu dem Tisch selbst. Seltsam, denn ich wußte, vor heute hatte er sich nicht auf diesem Stück Land befunden, und doch war er hier, verteidigte seinen Platz auf der Veranda, als gehörte er hierher!

In der Küche *bzzzzzzte* es auf Hochtouren. Carl und Kitty und Jesse hatten irgendein absurd kompliziertes Puzzle zusammengesetzt. Carl, auch auf dem Meskalintrip, hatte sich wirklich da reingeschafft, als, kurz vor Schluß, *voila*! das letzte Stückchen fehlte. Er konnte es nicht fassen, nach all der Mühe, und jetzt war das letzte Stückchen Puzzle verschwunden. Aber nein, einen Augenblick mal! Kitty hatte es, nicht eigentlich versteckt, hatte irgendwie gerade das Stück in die Hand genommen, festgehalten, und jetzt taucht es wieder auf wie ein Spezialschlüssel. Jesse erzählt mir die Geschichte dieses Puzzle, und als er damit fertig ist, erscheint der verrückte Marshall in der Küche, splitternackt, mit zwei Pfannkuchenhebern aus Aluminium, einen in jeder Hand. Er hat das vollständige Puzzlespiel aufgehoben (das, nebenbeigesagt, die nächtliche Silhouette von New York City zeigte, aufgenommen von der anderen Seite des Flusses, von New Jersey) und betritt jetzt die Küche mit zusammengekniffenen Lippen, damit nur ja nicht eines der Stückchen runterfällt. Alle in der Küche hören auf mit dem, was sie gerade tun, alle Aufmerksamkeit konzentriert sich auf Bloom, der behutsam sich zum Herd vorbewegt. Da es Winterzeit ist, glüht das Holz im Herd, wirklich Heißglut, so heiß, daß die normalerweise schwarze gußeiserne Herdplatte ingot-rot ist, fast wie flüssiges Stahl. Mit einem schnellen Schwung der Handgelenke macht das Bilderpuzzle einen flotten Salto in der Luft und landet, ziemlich intakt, auf dem zischendheißen Herd. Ein Jubelschrei kommt von der Küchengesellschaft, wirklich verdammt irre!, und die so eigenartig geformten Stücke Pappe fangen zu braten an, winden sich auf an den Enden, so daß sie nicht länger zusammenpassen.

Irgend etwas ruft mich draußen, ich schätze, ich habe die ganze Zeit über das mysteriöse Auftauchen des Nähtischchens nachgegrübelt. Ich gehe wieder auf die Veranda hinaus, der Schnee fällt noch stärker als zuvor, das Tageslicht gibt schon früh auf. Winter.

Der Nähtisch ist noch immer auf der Veranda. Wie ist er dorthingekommen? Ich lehne mich gegen eines der Sturmfenster und sehe hinaus über die schneebedeckte Straße zur Scheune. Da erscheinen die drei alten Indianer. Sie schweben in Richtung Silo, ungefähr dreihundert Meter von der Stelle entfernt, wo ich auf der geschlossenen Veranda stehe, aber das Seltsame ist, daß sie, in einem Halbkreis sitzend, frei zu schweben scheinen. Der älteste Indianer sitzt in der Mitte, und er trägt im Gegensatz zu den beiden anderen nichts am Körper als einen Lendenschurz. Auch hat er keine Federn im Haar wie seine beiden Begleiter. Sein Gesicht ist durchfurcht von tiefen Falten; aber sein Körper, muskulös und hager, steht im Widerspruch zu dem Alter und der Weisheit, die sich in seinen Augen spiegeln. Sein Haar ist tiefschwarz und in der Mitte gescheitelt. Es hängt zu beiden Seiten seines Kopfes in einem langen Pferdeschwanz herunter. Er trägt nur eine Perlenschnur um seinen nackten Hals und scheint mir zuzulächeln. Ich hatte eine Halluzination, was für eine nette Überraschung!

»Ich heiße Lachender Hund«, sagt der alte Indianer, ohne daß sich jedoch seine Lippen bewegen. Augensprache.

»Wir sind eure Ahnen. Ihr seid unsere Erben. Ihr lebt in Stämmen, wie wir es taten. Ihr eßt Pilze, das Sakrament, so wie wir es taten.« Die Arme von Lachender Hund heben sich langsam, strecken sich nach mir aus, obwohl doch diese Entfernung zwischen uns ist, die schneebedeckte Straße und all die Jahre.

»Wir haben euch den Tisch gesandt«, höre ich ihn sagen, und in einem anderen Bereich meines Geistes habe ich die Vision: das Nähtischchen rast durch den sternenerfüllten Weltenraum, zischt vorbei an Planeten und Meteoriten und landet dann (schwaps) ziemlich vorsichtig auf der vorderen Veranda dieses Farmhauses.

»Der Tisch stellt dar die beiden Elemente unseres Überlebens, das Leben, so wie wir es kannten.« Die Stimme von Lachender Hund ist tief und rauh, doch seine Worte sind klar zu verstehen. »Das Holz des Tisches steht für die Bäume, die natürliche Welt, die unsere Mutter ist. Das eingelegte Leder stammt von den Häuten der Tiere, auf die wir gleichermaßen angewiesen sind zum Überleben.

Wir haben euch den Tisch geschickt. Behaltet ihn bei euch, hier an diesem Ort. Er soll euch nur dienen als Erinnerung an uns, denn an sich ist er nichts.«

Ich wollte mich bei ihm bedanken, etwas sagen, aber als ich meine Sinne beisammen hatte, waren die drei schon fort, ebenso schnell verschwunden, wie sie gekommen waren. Ich betrachtete den Nähtisch von neuem: die Botschaft war klar und einfach, das Ding selbst nichts.

»Nun, meine Großmutter hat ihn mir aus Chicago geschickt«, höre ich die schöne Lady Susan zu Reopel sagen, als ich von der Veranda hereinkomme. »Aber wenn du ihn so dufte findest, dann kannst du ihn gerne haben. Ich habe ja nichtmal eine Nähmaschine, die ich daraufstellen könnte«, kichert sie in sich hinein. Was soll das heißen? Von Susans Großmutter aus Chicago? Und sie will ihn Reopel schenken?

»Einen Moment mal! Du kannst Bill nicht den Tisch schenken, die Indianer haben mir gerade gesagt...« platze ich heraus, alle sehen auf. Die Szene mit Mad Marshall und den Pfannkuchenhebern hat sich in ein anderes Zimmer verlagert, aber Stücke gebratenen Puzzles liegen überall auf dem Küchenfußboden verstreut. Kitty, die jetzt einen chinaroten Pyjama mit irren aufgenähten kleinen Drachen trägt, sitzt neben Susan und Reopel, die sich unterhalten. Sie ist nicht auf einem Trip, ebensowenig wie Tom (der auch am Küchentisch sitzt und Gitarre spielt). Sie starren mich irgendwie gespannt an, verblüfft über meinen plötzlichen Ausbruch.

»Die Indianer haben mir gesagt, wir dürfen den kleinen Tisch nicht aus den Augen lassen«. Es ist doch erst Minuten her, daß die Vision mir geschah, draußen vor der Küchentür. Susan und Reopel brechen ihre Unterhaltung ab. Ich kann sehen, wie es über ihre Gesichter huscht, oh-oh, bloß nicht Steve ausflippen lassen, aber was soll das wohl heißen, was er da von dem Nähtisch quatscht. Ich erkläre ihnen, warum wir nicht den Nähtisch aus dem Haus geben können, aber als ich rede, sagt Bill: »Ich will ihn ja auch gar nicht haben, wirklich nicht, nicht im Traum würde ich daran denken, ihn euch zu nehmen«, als sei er besorgt, irgendein ungeschriebenes Hippie-Acid-Gesetz zu brechen. Ich schaffte es nicht, ihm die Geschichte von den Indianern zu erzählen, denn er nahm seine Flasche Scotch und eilte leicht verwirrt zur Tür hinaus.

Draußen ist die Straße weich und weiß im düsteren Dämmerlicht, verdunkelt noch durch den schweren Vorhang fallenden Schnees. Zwei Reifenspuren laufen parallel die Straße hinunter; ein Wagen war vorher hier entlanggefahren, Jesse, der Forellenfischer, in seinem weißen (Wintertarnfarbe?) Falcon Kombi auf Patrouille, nur so eine Routineprüfung, ob auch alles in Ordnung ist heute abend auf dem Chestnut Hill.
Von draußen kann ich das Haus sehen, jetzt dringt Musik vom Plattenspieler zu mir hinaus mitten in den Schneesturm. Ich drehe mich vom Haus weg und sehe die Straße hinunter zu Ripleys Gebäude. Obwohl ich wegen des Schnees nicht allzu weit sehen kann, erkenne ich doch gerade noch die Garage, ein paar hundert Meter von der Stelle entfernt, an der ich stehe.
Hier draußen ist Wind, Wind, der stärker wird und den Schnee in alle Richtungen treibt, erst nach Westen, dann Süden, dann Osten. »Und nichts hält den Wind auf«, hatte Ray vor ein paar Abenden mit sehr feierlich ernster Stimme zu mir gesagt, »nichts hält den Wind auf.« Schneeflocken jetzt wie dunkle Silberdollars, dicke Wattebausche in schneller Folge.
Ich entschließe mich zu einem Spaziergang. Komisch, ich habe gar kein Gefühl in meinen Beinen, ja, ich bin erstaunt, daß ich die Kälte gar nicht fühle, nicht die eisige Feuchtigkeit in meinem Gesicht spüre, meinen durchnäßten Mantel, die Nässe, die durchsickert bis auf den Pullover darunter. Und da ich gehe, genieße ich es, wie sich meine Stimmung hebt; der Schmerz in meinem Schädel scheint woandershin sich verflüchtigt zu haben, und ich fühle mich higher als je zuvor. Während ich gehe, fühle ich mich mit jedem Schritt in neue Höhen steigen, als kletterte ich eine Treppe hinauf, Stufe für Stufe eine neue Ebene. Mein Körper verläßt langsam die

Reichweite der ›vibrations‹ aus dem Haus und alles das, was es noch vor ein paar Minuten bedeutet hatte, dort drinnen zu sein. Ich drehe mich nicht um, aber kann dennoch das Haus sehen, Licht in der Küche, Lichter, die aus dem Wohnzimmer scheinen, Licht oben in Marshalls Schlafzimmer im zweiten Stock: ich wende mich nicht um, als ich vom Farmhaus fortgehe, denn in meinem Geist kann ich alles klar erkennen, die Farm wird kleiner und kleiner, das Haus fällt zurück in den winzigen Raum, den es einnimmt im Umkreis dieses Planeten.

Ich komme zur Garage und verlangsame meinen Schritt, so daß ich fast stehenbleibe. Wieder ein Gebäude, kleiner und weniger einschüchternd diesmal, fast eine Ruine (Die vergessenen Werke?), mit seiner stillgelegten Durckmaschinerie und seinen leeren Flaschen, dem Krimskrams aus einer anderen Zeit, tonlos, bewegungslos. Ich gehe an der Garage vorüber; die Straße wird frei, der Schnee auf den Feldern zu beiden Seiten liegt meterhoch. Auf der einen Seite hebt sich das Land zu den Wäldern, der Wiese, wo Dolly, die Kuh, grasen wird, und zu dem Plateau, wo Marshall seine Unglücksgurken pflanzen wird, und die andere Seite ein Feld, das wie der Teufel bergab geht. Dort wird ein Garten angepflanzt werden, wo das Wasser sich sammelt zu einem fruchtbaren Schoß. In der Mitte der Straße beginnt der Wind zu heulen, der Schnee stäubt um mich her, und ich merke, daß ich nur ein paar Meter entfernt bin von der Stelle, an der die Zwillingsreihe der Ahorn-Bäume beginnt.

Windlieder, Gesang, aber keine Melodie, der Wind heult um mich herum wie Frost persönlich beim Intonieren gregorianischer Gesänge. Ich halte inne und sehe hinauf zu den schwingenden Wipfeln der Bäume, die sich biegen und niederducken, fast als klagten sie. Der Gesang fängt von neuem an, der Wind und die Bäume in schöner, tiefer, ehrfurchtseinflößender Harmonie, das Lied entstanden aus dem kraftvollen und rasenden Spiel des Windes mit den Zweigen in den Wipfeln der Bäume.

»Du wirst nie an den Bäumen vorbeikommen, du wirst nie an den Bäumen vorbeikommen«, sagen die Bäume. Ich höre nochmals hin, meinen Kopf geneigt, wie der des kleinen Hundes neben dem RCA Victor Grammophon (Die Stimme seines Herrn).

»Du wirst nie an den Bäumen vorbeikommen, du wirst nie an den Bäumen vorbeikommen.«

Ich höre den Gesang der Bäume als Echo in meinem Kopf, ein seltsamer Text, keine Drohung, keine Warnung, nur eine Feststellung. Aus einem bestimmten Grunde, und die Bäume scheinen sich ihres Wissens sicherer zu sein als ich (nach dem stetigen Fluß ihres Gesangs zu urteilen), wissen die Bäume, daß ich an ihnen nicht vorbeikommen werde. Ihr müßt verstehen, die Ahorn-Bäume sprachen nicht abstrakt, sie sagten nicht, daß man sich im Leben niemals von Bäumen oder der Natur lösen kann. Nein, sie bezogen sich direkt hier auf die Gegebenheiten, denn die lange Reihe der Bäume endet, wo unsere ungepflasterte Straße auf die Hauptstraße trifft. An der Hauptstraße stehen keine Bäume. Ich wußte sofort, was sie meinten: daß ich aus einem bestimmten Grunde niemals zur Hauptstraße gelangen würde, wo die Reihe der Bäume endet.

Ich fühlte mich wirklich reichlich weggetreten, aber meine Neugier überwand jegliches Zögern, das mich vielleicht abgehalten hätte. Ich ging weiter, näherte mich dem ersten Baum links und hörte noch immer den lauten Singsang von den Wipfeln der Ahorn-Bäume.

Plötzlich war ich wie geblendet von etwas, das wie ein Blitz von ›Vibrations‹-Energie schien. Es kam aus dem Stamm des ersten Baumes, vor dem ich jetzt stand. Ein Blitz sprang aus ihm hervor, ein gezackter Lichtstrahl, der mir direkt in die Brust schlug. Ein elektrischer Blitz wie in einem Cartoon. Die Schwingungen tanzten wie aus einem phantastischen Hochspannungskabel, der Baum und ich führten eine Unterhaltung, aber keine Wörter oder Bilder tauchten darin auf.

Ich hörte mich selbst, meinen Körper seufzen, aber ich fühlte mich in Ekstase, auf einer unglaublichen Höhe, gleichzeitig aber auch im tiefsten Grund eines dunklen Schlundes, dem Höllengrund. Überwältigt mußte ich feststellen, daß ich weinte, konnte die Tränen in Strömen meine Wangen hinunterfließen fühlen, mein Körper zitterte. Aber ich konnte mich nicht wegwenden von dem Baum, der mich gefangen hielt in seinem Bannstrahl. Der Gesang in meinen Ohren wurde jetzt lauter und lauter: »Du wirst nie an den Bäumen vorbeikommen.«

Der Baum hatte mich auf einer noch anderen Stufe der aufsteigenden Treppe erreicht: er war ein *Urahne.* Wir waren Blut, Bruder, Schwester, Vater, Mutter, Onkel und Tanten, Großeltern, der ganze Familienstammbaum – die Geschichte aller lebenden Organismen. (Eine Rückblende in meine Kindheit: Ein großes Familienessen zu Ehren einiger älterer Verwandter, die zu Besuch waren. Sie hatten die Massaker in den Konzentrationslagern überlebt, und ihre Existenz war unserer Familie zwar bekannt, aber wir hatten sie nie getroffen aufgrund der großen geographischen Entfernung. Es war eine schluchzende, den Hals zuschnürende Szene, die Gesichter meiner Großeltern tränenüberströmt vor Freude und Trauer zugleich, wieder zusammenzusein mit diesen lange verloren geglaubten Verwandten, Menschen gleichen Stammes, gleichen Bluts: Freude und Schmerz gleichzeitig, die *Yin-Yang-Ekstase.*)

So war es mit diesem ersten Baum an der schneeverwehten

Straße, und dann mit all den anderen, als ich meinen Weg fortsetzte zu der Stelle hin, an der ich nie vorbeikommen würde, wie die Bäume sagten. Ich hatte das Privileg, meine Ahnen zu treffen, diese Bäume, schreckliche Freude und schrecklicher Schmerz. (›Schrecklich‹, denn ich konnte den Widerspruch der Gefühle in meinem Körper spüren, eine physische Erfahrung.) Ich ging weiter, die Doppelreihe der Bäume entlang, aber mein Schritt hatte sich verlangsamt. Bei jedem Baum, zu dem ich kam, wiederholte sich das Erlebnis des blitzenden Bannstrahls. Die offenbarende Manifestation des Ahnen, den ich nie gekannt hatte, und ich stand da, sah ihn, stand lange genug da, um das Wesen dieses Blutsverwandten in mich aufnehmen zu können, dem zu begegnen mir irgendein unbekannter magischer Zauber ermöglicht hatte.

(»Du wirst nie an den Bäumen vorbeikommen«, kam es immer noch von den obersten schwingenden Zweigen herunter, oder aus meinem Kopf? *Hatte ich es die ganze Zeit zu mir selbst gesprochen, weil ein Teil von mir etwas wußte, das dem Rest bisher noch nicht bewußt gewesen war?*)

Als ich die Straße halb hinunter war, halb die Reihe der Bäume passiert hatte, zögerte ich. Ich wußte nicht, ob ich weitergehen konnte, jedesmal mußte ich mich der Botschaft der Bäume öffnen, ihrer Energie, das Gewicht wurde immer schwerer; nicht eigentlich schmerzhaft, aber dennoch, die Erfahrung jedes dieser Verwandten war erschöpfend. Ich blieb stehen, lehnte mich gegen einen der Bäume. Ich spürte, wie ich etwas ›runterkam‹, ein paar Stufen die Treppe hinunter. Zurück. Ich drehte mich um, und ich sah zurück dorthin, wo ich wußte, daß das Haus sein mußte, obwohl es natürlich absolut unsichtbar blieb. Ich konnte nicht einmal die Garage sehen.

Als ich immer mehr herunterkam, fühlte ich die Kälte, meine

Haut, mein Körper reagierten wieder, und mir wurde bewußt, daß meine Sachen durch und durch naß waren. Mein Gesicht brannte, ich konnte eine dünne Schicht feuchten Eises auf Wangen und Stirn spüren, Schneeflocken trafen auf die Haut wie Nadelspitzen. Das ist wirklich verrückt, dachte ich bei mir selbst, ich muß wohl das haben, was die Zeitschriften einen ›schlechten Trip‹ nennen. Ich sollte ins Haus zurückgehen, dort wird es warm sein, die Leute drinnen wissen Bescheid über sowas, es ist warm in der Küche, ihnen wird es schon gelingen, mich in bessere Stimmung zu bekommen, das muß man doch machen, wenn man auf einem schlechten Trip ist, nicht wahr? Sobald alle diese Gedanken mir kamen, wußte ich urplötzlich, was wirklich geschah: alles, was ich bisher erfahren hatte, war absolut *real,* unausweichlich und wesentlich, Droge hin, Droge her. Manchmal gibt es eben keinen Unterschied, ob man durchnäßt mitten auf einer schneebedeckten Straße steht und der Sturm bläst einen auseinander, oder ob man in einer warmen Küche sitzt, umgeben von Leuten, die man liebt und die einen gerne mögen.

Ich wandte mich wieder weg vom Haus, wieder zur Straße hin und ging weiter. Als ich das tat, fühlte ich mich wieder hinaufsteigen, und als ich höher stieg und höher, vergaß ich die Kälte und Nässe ebenso wie die Erschöpfung von den vorhergegangenen Bäumen, die Kraft der Energieblitze. Ich war wieder neu aufgezogen. Ein weiterer Baum, und ich stoppte. Und dann wieder weiter, noch ein Baum, ich war inzwischen die halbe Straße hinunter, aber immer noch ging es voran.

Dann kam ich zu dem Baum, der ich war.

Zwei Drittel des Weges hatte ich hinter mir, und hier war er. Es gab keinen Zweifel daran, daß der Baum und ich eins waren, denn wir waren es: der Baum-der-ich-war sah mir direkt ins Gesicht und sagte: »Hebe deine Hand.« Es war kein Befehl, obwohl die gedachte Stimme es todernst meinte. Es war fast wie die Bitte um einen Gefallen, der Baum bat mich um einen Gefallen. »Hebe deine Hand.« Ich hörte es wieder. Der Baum-der-ich-war bat jetzt das Ich-in-meinem-Körper, die Hand zu heben, und die ganze Zeit tönte der Gesang von den Wipfeln der Bäume. »Du wirst nie an den Bäumen vorbeikommen«, denn nichts hält den Wind auf.

Mein Körper zitterte, ich klapperte, hatte Schüttelfrost von der eisigen Kälte und den nassen Kleidern, Schüttelfrost, weil ich es nicht tun konnte: ich konnte meine Hand nicht heben.

Der Baum war geduldig. »Hebe deine Hand«, nochmals. Ich sah hinauf zu dem Baum. Licht schien von den schwingenden obersten Zweigen auszustrahlen. Der Baum hatte einen breiten Stamm, der ungefähr in halber Höhe sich teilt, zwei bis zweieinhalb Meter über dem Boden. Beide Teile sind Bäume für sich. Eine dieser beiden Hälften hat viele kleinere Zweige, zwei oder drei Schichten Äste von abnehmender Länge. Im Frühling ist diese Seite des Ahorns voller sattgrüner Blätter, ein Baum für sich selbst.

Die andere Hälfte des zweigeteilten Stammes wächst geradewegs in den Himmel empor, ohne kleine Äste. Dieser zweite Stamm ist dick wie ein Männerarm und an der Spitze ein wenig gebogen, sieht aus wie eine Hand (die erhobene Hand von Lachender Hund, die dort hinten bei dem Silo winkte?). Obwohl dieser Teil des Baumes im Frühling keine Blätter bekommt, ist er dennoch nicht tot. Ich habe kleine grüne Sprosse im Mai erscheinen und wieder verschwinden sehen, wenn der Herbst zurückkehrt.

»Hebe deine Hand«, und ich konnte es noch immer nicht. Ich weiß nicht, was es war, das mich hinderte, was es war, das meinen Arm steif abgewinkelt hielt, gleichsam in Habachtstellung. Ich fühlte mich wieder zittern, warum konnte ich es

nicht? Allein mitten auf der Straße, der heulende Sturm, der mich stieß und zerriß, wovor hatte ich Angst? Woran versuchte ich mich festzuhalten?
Der Baum bat wieder um den Gefallen, geduldig und anteilnehmend in seinem Bemühen. Ich konnte es nicht mehr länger aushalten, warum ich es überhaupt getan hatte, war mir unerklärlich. Ich schloß meine Augen, richtig fest, und ließ meinen rechten Arm in die Luft schießen, so hoch es ging (ein Schüler der dritten Klasse, der versucht, die Aufmerksamkeit des Lehrers auf sich zu lenken – zum ersten Mal weiß er die richtige Antwort auf die Frage), der Arm war so gerade, als habe er kein Gelenk am Ellenbogen. Sobald ich das getan hatte, fühlte ich, wie eine unglaubliche Spannung von meinen Füßen und von meinem Kopf gleichzeitig ausging, eine gewaltige Energie, die durch meinen Körper raste, als sei er nur eine Starkstromleitung, eine Energie, die mich durchströmte, an meiner Schulter zusammenlief, wild hinaufschoß in meinen Arm, hindurch durch seine ausgestreckte Länge, durch die Hand, die Handfläche (wo die Lebenslinien liegen), die Fingerspitzen (dünne Äste, die in einen schnee-erfüllten Himmel wiesen) und dann in die Luft, die Atmosphäre, den *Kosmos* selbst. Totale Entspannung, erreicht in Blitzesschnelle.

Ich wandte mich ab von dem Baum und rannte, so schnell ich konnte, zum Haus. Es schien mir, als müßte ich unendlich lange rennen, ich fiel ein- oder zweimal in den tiefen Schnee, rappelte mich wieder hoch und taumelte weiter zum Haus. Ich merkte nicht einmal, daß ich die Veranda erreicht hatte, bis ich wieder fiel und mich an der Küchentür fand. Ich versuchte den Schnee vom Mantel und von meinen Haaren zu schütteln, aber er war zu einer harten Kruste erstarrt.
Alle Bewohner des Hauses hatten sich in der Küche versam-

melt, das Abendessen wurde vorbereitet, der Raum wimmelte von Menschen. Marshall (jetzt angezogen), Cathy, Carl, John, Susan, Jesse und Tom, Kitty noch immer in ihrem flammendroten Pyjama, und die Hunde, Joan, Sammy und Boraxo, die herumtobten in Erwartung der Brocken, die bei Tisch abfallen.

Ich stand einen Augenblick im Türrahmen und schleppte mich dann zum Herd. Alle schienen gleichzeitig zu sprechen aufzuhören. Ich zitterte wirklich schlimm, wie im Delirium tremens, obwohl es von der Kälte kam. Sie alle starrten mich an, warteten darauf, daß ich etwas sagen würde.

»Ich bin in Ordnung«, gelang es mir zu stammeln, obwohl es mir fast unmöglich war zu reden, Wörter zu formen. Jemand brachte mir eine wollene Decke und ich wickelte mich ein in sie, die durchnäßten Sachen noch an. Ich setzte mich an den Herd. Nach ein paar Minuten sagte ich: »Die Bäume haben zu mir gesprochen.« Alle beugten sich erwartungsvoll mir entgegen. »Was haben sie gesagt?«

Buch Zwei

Nach dem großen Zusammenbruch der sanitären Verhältnisse

5. Wind-Wechsel/2

Es besteht ganz bestimmt ein Unterschied zwischen dem Scheißen auf der Toilette und dem auf dem Plumpsklo draußen. Einmal ist das ›plop‹-Geräusch, das die Scheiße macht, wenn sie auf den Boden fällt, ganz verschieden von dem geräuschlosen ›Schlip‹ in das Toilettenbecken. Zum anderen kommt der Wind durch das Loch des hölzernen Sitzes draußen in der Scheune gepfiffen, wie er es niemals in irgendeiner Toilette tun könnte.

Es gab keinen tatsächlichen Rohrbruch im Abflußsystem, keine Explosion. Nur wurde unser Tank voll (er war wohl nicht für Familien des Neuen Zeitalters geplant), und dann lief er über, wodurch unsere Toilette unbrauchbar wurde, bis ein neuer Tank installiert werden konnte. Da wir aber ein perfekt brauchbares Plumpsklo in einer Ecke der Scheune zur Verfügung hatten, wechselten alle Leute einfach über (ohne langen Firlefanz): es ist jetzt über ein Jahr her, seit das Ding seinen Geist aufgegeben hat, und keiner hat einen ernsthaften Versuch gestartet, den alten Tank durch einen neuen zu ersetzen.

Überstrapaziere ich diese lebensnahe Metapher ein bißchen zu sehr, wenn ich die Vermutung formuliere, daß sich unser Leben ungeheuer veränderte, als wir plötzlich draußen in der kalten Scheune scheißengehen mußten?

Unglücklicherweise gibt es kein angemessenes System, mit dem man die Art der Veränderung bestimmen könnte: es bedürfte eines Zaubermeisters, die Nuancen und Feinheiten, die damit zusammenhingen, wiederzuerschaffen, und ich, ach,

versuche schon einige Zeit, überhaupt nur als Lehrling angenommen zu werden. Dennoch kann ich es versuchen, euch Eindrücke zu vermitteln von den Veränderungen, die ich durchmachte, und vielleicht gewinnt ihr daraus ein Gefühl für den ständig sich verändernden Rhythmus unseres Farmlebens.

Wenn die Dinge hier zusammenbrechen, dann gewöhnlich besonders schlimm und schnell und alle auf einmal. Als die sanitären Verhältnisse sich änderten, war das nur eine von vielen wichtigen Änderungen: gleichzeitig damit kam die Einstellung des Nachrichtendienstes; Marshalls ausgedehnter Trip an die Westküste; und ich hatte meine erste Begegnung mit *mescalito.* (Verschiedene persönliche und politische Rohrsysteme brachen in vierteiliger Harmonie zusammen.)

Dieses Buch ist die persönliche Geschichte des ersten Lebenszyklus auf der Montague Farm, auch bekannt als die Pretty Boy Floyd Associates und die Fellowship of Religious Youth (jeder Name ist gleich gut). Ihr seid jetzt angelangt in der Mitte des Zyklus: von jetzt an sind die Geschichten und Begebenheiten nicht mehr in der richtigen chronologischen Reihenfolge. Es ist alles eins.

In dem Moment, da wir die Herausgabe des Nachrichtendienstes einstellten, begannen unsere Beziehungen zur Außenwelt zu schwinden, neue Leben für alte. Die Zeitungen, die uns erreichten, wurden weniger, die Postsendungen beschränkten sich auf persönliche Briefe und persönliche Rechnungen, und niemand dachte daran, irgendwelche Zeitungen zu kaufen, wenn er in der Stadt war. Ohne die Ablenkung durch das, was Meilen und Meilen entfernt sich ereignete, mußten wir unsere volle Aufmerksamkeit uns selbst widmen, der Farm, und anfangen, den Grundstein zu legen für das, was in unserer

Hoffnung das Neue Zeitalter sein sollte (der köstliche Schock, sich selbst zum ersten Mal nackt im Spiegel zu sehen).

Marshall beschloß, daß er einen Urlaub nötig habe. Er war seit fast acht Monaten auf der Farm, ohne länger als vielleicht ein Wochenende weggewesen zu sein, ein Rekord seiner Art. Doch verschob er wieder und wieder den Abreisetermin. Da der Nachrichtendienst nicht mehr lief, war seine Rolle als ›Direktor‹ und Chef-Leader irgendwie geschwächt: der Übergang von einer Kommune zur Familie wurde immer offensichtlicher. Die Familie und der Stamm würden Anführer gebrauchen, sicherlich; aber ihre Funktion würde ein bißchen anders sein und auf einer viel höheren Ebene liegen als die eines Leiters eines Untergrund-Nachrichtendienstes. Versteht mich aber nicht falsch, Marshall war bereit zu jener Veränderung, war es sein Leben lang gewesen. Er war sich seiner Rolle als Nabe unseres kollektiven Rades höchst bewußt. Jeder von uns war eine Speiche, mußte ihn durchlaufen, um zu einem der anderen zu gelangen. Dieses Schema sollte durchbrochen werden, zum Nutzen aller. Bis zu seiner Abreise an die Küste hatte ich, wie alle anderen auch, eine Menge Schwierigkeiten in meinem Verhältnis zu Marshall gehabt, denn er schien Emotionen und ›vibrations‹ zu *nehmen,* zu *empfangen*, und niemals welche zu *geben,* eine Antwort zu *senden.* Marshall Bloom hatte eine Menge Zeug fest in sich verschlossen, von dem ich sicher war, daß er es gern gegeben hätte, nur konnte er es nicht, er wußte einfach nicht, wie er es machen sollte. Mehr als einmal erzählte er mir, er würde gern ›einfach eine andere Person sein‹, aber das war offensichtlich nicht möglich. (Er würde es nicht erlaubt haben.) Neben der Einstellung des LNS war es die Ankunft der neuen Leute auf der Farm, die Marshall ein bißchen aus der Fassung gebracht hatte, was sein Verhältnis zu den anderen Leuten betraf. John, Susan, Kitty und Tom waren nicht während des ersten Teils des Zyklus gekommen, während des ›Bewegungs‹-Wahns, der Kommune-Szene (ihr wißt schon, vor dem sanitären Zusammenbruch, usw.). Ihr Bedürfnis war vor allem, auf dem Lande zu leben, und zwar mit einer Gruppe anderer, die gleiche oder ähnliche Vorstellungen hatten. Sie brachten neue Ideen mit, wie man Sachen anpacken sollte, wie es jedes Individuum tut, dessen Energien mit in den großen Topf kommen. Marshall hatte Angst vor der Reise, weil er wußte, wie schnell sich die Dinge hier verändern. (Es gibt einen bestimmten Gesichtsausdruck, den ich bei jedem bemerkt habe, der die Farm für längere Zeit verläßt. Ich habe ihn sogar auf meinem eigenen Gesicht mehr als einmal gespürt: es ist ein Ausdruck, der in einem einzigen Moment all die möglichen Veränderungen und Szenen spiegelt, die es geben wird in der Zeit, die man nicht zu Hause ist, Augenblicke schwerwiegender emotionaler und psychischer Neuorientierung, aber alles geht zu blitzartig, als daß die individuellen Veränderungen wahrgenommen werden könnten. Und doch, wenn man nach einer langen Reise zurückkehrt, *scheint* gewöhnlich alles so zu sein, wie man es verlassen hat. Obwohl es nicht so ist. Eine von diesen Wahnsinnsironien.)

Marshall war sich auch darüber klar, daß *er* sich auf seiner Reise verändern würde, und ich glaube, dieses Vorgefühl machte ihm Schwierigkeiten. Es ist die alte Geschichte, sich von etwas, von jemandem, von einer Situation trennen zu müssen, um dann bei der Rückkehr alles klarer zu sehen. Die Farm ist da keine Ausnahme.

Also packte Marshall an einem klaren kalten Mittwochmorgen Anfang Februar seine kleine Reisetasche auf den Rücksitz von ›Green Power‹ (seinem Triumph Spitfire Sportwagen) und wartete, daß der Motor warmlief, jeder hat im Winter Ärger mit dem Wagen. Max, ein Irish Setter, den Marshall seit nicht ganz zwei Wochen hatte, sprang vorne auf den Sitz und weigerte sich, von der Stelle zu rücken. Er wollte um alles in der Welt dieses Abenteuer nicht verpassen. Auf ging es, an die Küste, nach Kalifornien, um Lisbeth zu besuchen, die langeverlorene Lady aus den Washington-Tagen und -Nächten, und um all die Stationen des Weges zwischen hier und dort abzugrasen. (Am Abend vor seiner Abreise mußten Cathy und ich Marshall versprechen, daß wir, wenn er irgendwo auf der Welt stranden sollte und auf die Farm zurückkommen wollte, mit Wildebiest – dem verläßlichen alten Ungetüm – angefahren kämen und ihn holen würden. Cathy umarmte ihn fest und gab ihm einen Kuß, und wir drei lachten viel. Dann unterhielt er uns ein paar Stunden lang bis in die Nacht mit Geschichten seiner früheren Reisen an die Küste.)

»Nimm du das Brecheisen, ich habe den Vorschlaghammer«, ruft John mir zu. Die nächste seltsame Szene in unserem Wohnzimmer (was für ein Schauplatz!): sieben oder acht Leute, die eine lange Trennwand zwischen Vorderzimmer und Flur attackieren. John Anderson bearbeitet mit dem Vorschlaghammer den Putz, Cathy hat einen kleinen Hammer und reißt die Putzträger raus, dort wo der Putz schon ab ist. Susan löst große Stücke aus der Wand mit bloßen Händen, und Carl stemmt einen langen hölzernen Pfosten aus dem Rahmen. (Wie lange hatte er wohl dort einen Teil der Wand gestützt?) Tom, unser architektonischer Berater, steht im Hintergrund, versucht sich vorzustellen, was diese Veränderung (das Niederreißen der Wand) für die Gesamtstruktur ausmachen wird. Ein breites Grinsen tritt auf sein Gesicht, von Ohr zu Ohr, er ist über alle Maßen erfreut: Neugewinn von Raum. Kitty bringt Besen und Schaufel herein und fängt an, das staubige weiße Zeug zusammenzufegen, das sich überall auf dem

Boden angesammelt hat. Es ist der Abend nach Marshalls Abfahrt an die Küste.
Diese Neuerung unserer innenarchitektonischen Gestaltung war schon seit Wochen diskutiert worden, aber da keine feste Übereinstimmung herrschte (gibt es die je?), hatte niemand die Verantwortung für ein solch drastisches Unternehmen auf seine/ihre Kappe nehmen wollen. Marshalls Abreise hatte eine Menge damit zu tun, daß die Wand nun weichen mußte. Seine Abwesenheit bedeutete, daß *man niemanden zu fragen brauchte,* keine Autorität – wenn die Energie da sein sollte, dann würde es eben geschehen. Und das tat es auch.
Das Verschwinden der Wohnzimmerwand war das erste einer Reihe von Anzeichen, individuell wie kollektiv, dafür, daß die Leute aus sich heraus kamen. Aus sich heraus in Beziehung zu dem Ort ebenso wie zueinander. Wir hatten ursprünglich vorgehabt, an dem Abend in die Stadt ins Kino zu gehen (Kitty hatte ein bißchen Geburtstagsgeld von ihren Großeltern geschickt bekommen), aber es lief nichts Vernünftiges. Jemand schlug vor, wir sollten statt dessen die Wand niederreißen, und ich war erstaunt, wie schnell sich alle daranmachten. Die Werkzeuge für das Unternehmen tauchten urplötzlich auf wie aus dem Nichts, und bevor noch jemand eine Platte auflegen konnte (Hintergrundmusik), hatte das Werk schon begonnen. Als handelte es sich um ein großes kathartisches Sportereignis, hämmerten wir alle drei oder vier Stunden, bis die Sache erledigt war. Und als alles getan war, zauberten Susan und John ein paar Mords-Erdbeerwaffeln mit Vanille-Eis herbei, unseren geradezu sprichwörtlichen Mitternachtsimbiß zur Winterzeit.

Der Unterschied zwischen Kommune und Familie ist immer offensichtlich gewesen: Die Kommune ist ein *Ort,* eine ›alternative Institution‹, die notwendigerweise weichen muß einer wichtigeren und absolut privaten Sozialstruktur, die auf *individuellen Leuten* und ihren Beziehungen zueinander basiert. Die Familie. Der Ort muß immer zweitrangig hinter den Menschen stehen, sonst hört die Magie auf. Für viele Typen, die während der ersten Zeit auf die Farm kamen, war sie nur eine Station am Wege, eine Durchgangsphase. Das ist nicht mehr länger so. Für die Mitglieder der Familie ist dies *ES*, wahres Leben, hier und nirgendwo anders findet das Schauspiel statt; deshalb die dämonische Intensität der Schauspieler.

6. Durstige Stiefel

Du bist lange draußen gewesen auf der Landstraße,
hast im Regen geschlafen,
von den dreckigen Wörtern und den schmutzigen Zellen
sind deine Kleider beschmiert und voller Flecke.

Aber die dreckigen Wörter und die schmutzigen Zellen
werden bald für wahnsinnig erklärt sein,
also halt doch inne, um dich auszuruhen,
bis du wieder auf den Weg gehst.

Also zieh doch deine durstigen Stiefel aus,
bleib eine Weile,
deine Füße sind heiß und müde,
von den staubigen Meilen.

Und vielleicht kann ich dich zum Lachen bringen,
und vielleicht kann ich es versuchen,
ich suche nur den Abend
und den Morgen in deinen Augen.

Eric Andersen, »Thirsty Boots« Deep Forks Music
© 1967 ASCAP (Vanguard Records)

Der erste Frühlingstag hier auf der Farm gleicht dem Eröffnungstag der Baseballsaison. Da sind die Zuschauer auf den billigen Plätzen, sie alle sitzen draußen im Gras unter dem sprießenden Schierling und starren ungläubig auf das Wunder-dieses-Tages. Monate des Winters, da alle Vorstellungen im Haus stattfanden, und jetzt dies: draußen. Ein Auto fährt vorbei, Jesse unten vom Hügel, sehr langsam, auch er bewundert den Tag. Alle lächeln, als wenn vielleicht der alte Jesse einen besonders schwierigen Ball gefangen hätte oder so, und

für einen kurzen Moment scheint es so, als wollten wir alle in donnernden Applaus ausbrechen. Aber das sind nur die Lokkerungsübungen, man wärmt sich auf. Wir alle haben unsere Eintrittskarten verdient, da wir den Winter überstanden haben. Es sind jetzt neun Monate her, seit wir aufs Land gezogen sind, und wie die Neugeborenen prüfen wir alle vorsichtig den neugefundenen Lebensraum. Große Augen überall, wir haben eine Menge hinter uns, aber ach, wieviel noch vor uns.
Wir hatten die große Prüfung bestanden, mit ziemlich viel Schwierigkeiten und ziemlich viel Glück und Spaß. Wir mußten die Farm nicht an den ehemaligen Besitzer zurückgeben, ein jeder erfreute sich bester Gesundheit, unsere psychischen und physischen Energien waren auf Höhenflügen, und die *Magie* kam über uns mit aller Macht.
Ich hatte dieses Wort bewußt zum ersten Mal gehört, als Raymond es bei dem großen politischen Zusammentreffen aussprach, bevor sich der Nachrichtendienst spaltete und wir auf die Farm zogen. Ray Mungo hatte so etwas wie eine Stammesältesten-Funktion für die beiden widerstreitenden Fraktionen, denn er hatte schon seine Absicht erklärt, den LNS zu verlassen und auf die Farm nach Vermont zu ziehen. Die Konferenz war total chaotisch, und Ray saß auf einem großen Metalltisch, die Pall Mall in der rechten Hand wie einen rauchenden Zauberstab:
»Nun, in den alten Tagen, in Washington, da arbeiteten wir alle hart, bis morgens früh um vier oder fünf, dann bummelten wir zu Eddie Leonards Nachtimbiß rüber und hauten uns ein paar Thunfischbrötchen rein, gingen nach Hause, rauchten noch etwas Hasch und fielen dann alle zusammen in die Betten. Ich kann es nicht erklären, wir, ja, wir hatten Magie. *Wir hatten mit Magie zu tun. Es ist eine schreckliche Sache, jung zu sein und nicht mit Magie zu tun zu haben.*«

Damals hörte ich es zum ersten Mal, wie die Dampfpfeife einer Lokomotive, die nur Zentimeter von meinem Ohr entfernt lospfeift – als hätte ich es mein ganzes Leben lang gehört. Neulich abends redeten Ray und ich bei einer Pfeife tierisch guten Stoffs, und er sah mir direkt ins Gesicht mit einem breiten Grinsen auf der Fresse und sagte: »Junge, ich wußte ganz sicher nicht, wovon ich damals redete«, und er bezog sich dabei auf sein Magie-Gequassel in New York, zweiundeinhalb Jahre (viele Menschenalter) zuvor. Es ist wie, als wenn du was sagst und annimmst, du weißt, was du sagst, aber leider stimmt das nicht. Und dann, vielleicht Jahre später, da packt es dich und dann *weißt du wirklich,* was du damals gesagt hast.

Hier ist eine kleine Geschichte über die Magie.
22. April, 1969, Wendepunkt zwischen Widder und Stier. Ich erinnere mich nicht an die Position des Mondes.
Ein schöner Tag, auch ein früher Frühlingstag, einer von den kalten klaren mit strahlender, neugeborener Sonne. Aber noch kaltes Pulloverwetter. Die Leute entdecken erst langsam das Draußen wie der aus dem Winterschlaf erwachende Igel, behutsam zuerst, in der Hoffnung, es sei nicht nur leichtes Tauwetter, eine trügerische Pause des Winters. Aber es ist doch April, zum Donnerwetter! Es muß Frühling sein.
Cathy und ich saßen draußen auf dem Gras vorm Haus. Da waren wir, warteten, daß die Sonne uns verlassen, ihre gewohnte Bahn ziehen würde, den Sawmill-Fluß hinunter an Woody Browns Sägemühle vorbei, langsam niedertauchend, dann schneller, bis sie verschwunden war. Westen. Also wir blickten in den Westen, als der Opel Kombi den Hügel heraufkam und schließlich genau vor der Stelle anhielt, an der Cathy und ich saßen. Ich kenne das junge Paar nicht, das

vorne sitzt, aber hinten aus dem Wagen taucht Eric Andersen auf, er ist Sänger (Folk-Sänger, Rock-Sänger, Folk-Rock-Sänger). Eric war schon ein- oder zweimal auf der Farm gewesen, aber damals im ersten Herbst, als wir noch sowas wie eine chaotische Kommune waren.

Er steigt allein aus dem Wagen und kommt zu Cathy und mir. Eric hatte am Abend vorher ein Konzert im Amherst-College gegeben, aber keiner von der Farm war hingefahren, denn ob man's glauben will oder nicht, in keinem der fahrbaren Untersätze war Benzin, und Geld hatten wir auch nicht. Oh, wir suchten unter den Sofakissen nach Vierteldollars, aber hatten kein Glück. Wir kamen nicht hin zu seinem Konzert, das doch nur zehn Meilen entfernt war, obwohl alle Lust dazu hatten. Jetzt sieht Eric wütend aus, und in der Tat, das ist er auch.

»Ihr Arschlöcher seid nicht zum Konzert gekommen«, platzt er heraus, wütend und ein bißchen überrascht über sich selbst. (Ich bin auch ziemlich überrascht, denn gewöhnlich macht man sich nicht so an die Leute ran, es sei denn, man kennt sie ziemlich gut, gut genug wenigstens, daß sie einen auch richtig verstehen.) Aber Eric war echt sauer. Ich fand es wirklich dufte, daß er so wütend war. Er benahm sich wie ein richtiger Mensch.

»Es ist gut, daß du so wütend bist«, sagte ich lächelnd, »aber wir hatten einfach kein Benzin, um hinzukommen, ob du's glaubst oder nicht.«

Wir machten einen kurzen Spaziergang in den Wald; den ganzen Nachmittag hatte Kitty davon gesprochen, daß sie im Wald eine echte Überraschung für uns hätte, und jetzt, da die Dämmerung einsetzte, gingen wir schnellen Schrittes, wohin sie uns führte. Hinauf zu der alten Brücke, wo die Steine alle lose liegen, aber trotzdem irgendwie die Brücke halten, Kitty und Cathy voran, Eric und ich ihnen nach. Wir kamen zu einer

Lichtung gleich hinter der zweiten Brücke. Kitty sagte: »Seht da drüben.« Und da drüben, unten an der Uferkante, gleich am Wasser, waren mehrere hellgrüne Triebe, die geradewegs aus der schwarzen Erde und den Felsen hervorwuchsen. Auf dem Boden lag Schnee, wenn ich mich recht erinnere, aber die Pflanzen ließen sich davon nicht abhalten. Wie die Pflanzen hatten auch wir es geschafft. Sie sahen aus wie Orchideen, waren aber keine Orchideen.
»Ich habe gerade eine gegessen«, sagte Kitty, grinsend.

»Kennt ihr den Song ›Thirsty Boots‹?« Wieder Kitty, diesmal ruft sie von der Vorderveranda zu Cathy und mir herüber, wir sitzen wieder vor dem Haus und spielen mit den Hunden. »Also, der Mann, der den Song geschrieben hat, wird ihn jetzt in der Küche singen, und außerdem habe ich gerade eine frische Kanne Kaffee gemacht«, ruft sie und geht dann wieder ins Haus zurück.
Es ist warm in der Küche, der Herd ist angeschmissen, und sieben oder acht Leute sitzen in dem großen Raum herum. Hier drinnen wird einem bewußt, daß es nun doch Abend geworden ist, dunkel draußen, die Kerosinlampen leuchten auf dem Küchentisch. Die Küche ist in weiches Orange getaucht. Eric sitzt auf der Bank, spielt seine Gitarre und singt leise. Aber er spielt nicht ›Thirsty Boots‹, um das Kitty und Carl ihn besonders gebeten hatten. Er bringt andere Sachen. Carl sitzt auf einem hohen Stuhl nahe am Herd. Auf der anderen Seite Kitty, die sanft im Schaukelstuhl wippt. Marshall und Cathy, Evann (Carls alte Lady aus New York) und ich sitzen auf der langen Bank gegenüber von Eric auf der anderen Seite des Tisches.
Etwas sehr Seltsames geschieht in der Küche. Der Raum scheint zu glühen, das Licht strahlt aus intensiven ›vibrations‹,

die von den Wänden zurückgeworfen werden. Aber woher kommt sie, diese seltsame Spannung? All die starken Barrieren bei seinen früheren Besuchen, die uns gehindert hatten, Eric kennenzulernen (und umgekehrt), lösen sich auf. Es kommt mir vor, als ob all die Mitglieder der Familie dem jungen Mann mit der Gitarre Botschaften senden, Botschaften, die versuchen, die Leichtigkeit, die Entspannung dieses Lebens und dieser Leute, zu erklären. All die vorher angehäufte Scheiße (d. h. die vermutete Verschiedenheit unserer Lebensweisen; unsere isoliert hier auf dem Lande, und die seine in New York, San Francisco, auf Tourneen und all das, was es bedeutet, unterwegs zu sein ...) scheint sich aufzulösen, und an ihre Stelle tritt schnell eine alles umfassende Wärme: die orange-glühende Küche, das knisternde Holz im Herd, der Kaffee auf dem Rost, schon sprudelnd, aber noch nicht ganz fertig. Dennoch, ich bin sicher, daß diese eigenartige Intensität, diese erdrückenden und komplizierten ›vibrations‹ von einer ganz besonderen Person oder einem ganz besonderen Ursprung kommen. Aber wer? Wo?

Ganz plötzlich hupt da ein Wagen draußen. Laute, schnelle Huptöne! Es sind Erics Freunde, ein junges Paar, das die ganze Zeit draußen im Wagen gesessen hatte, als wir unseren Spaziergang übers Land machten. Sie wollen los, sie langweilen sich, rufen nach Eric, es sei Zeit abzuhauen. Die Spannung im Raum steigt, fast unmerklich, aber man spürt es dennoch. Etwas Überwältigendes passiert, oder *wird gleich passieren,* aber niemand weiß, was es ist. Niemand möchte, daß die Szene abbricht, es entwickelt sich eine wirklich wahnsinnige Stimmung, aber sie braucht Zeit, diese Magie.

»Du kannst noch nicht gehen, der Kaffee ist noch nicht gefiltert«, sagt Marshall scherzend zu Eric.

»Ich muß wirklich mit ihnen in die Stadt zurückfahren, ich hab dort am Freitag einen Auftritt.« Aber es ist erst Sonntag, bis Freitag sind es noch sechs Tage, wendet Marshall ein, und außerdem fährt er, Marshall, am Mittwoch runter in die Stadt und da kann er doch Eric mitnehmen.

(Eine Zwischenbemerkung: falls es bis zu diesem Zeitpunkt dem Leser noch nicht klargeworden ist, Marshall war ein Magier. Ein wahrer Magier beherrscht sowohl die schwarze wie die weiße Magie. Ein wahrer Magier ist furchtlos, und obwohl Marshall all das war, blieb er doch ein einsames, frustriertes menschliches Wesen. Aber für diese besondere Episode möchte ich die Aufmerksamkeit auf sein feines Gefühl für *Zeitwahrnehmung* lenken, das heißt, die Wahl des richtigen Zeitpunktes. Mad Marshall weiß, daß etwas Besonderes in der Küche geschehen wird, aber wenn Eric jetzt in diesem Augenblick geht, wird er wahrscheinlich nicht zum Austragen kommen, die Verbindung im richtigen Moment wird nicht funktionieren.)

»Nun, klar würde ich gerne bleiben«, sagt Eric, und er bleibt auf der Bank sitzen, die blaue Gitarre noch immer auf dem Schoß. Von der Küche aus können wir die Scheinwerfer des Opel Kombi aufleuchten sehen und hören, wie der Motor startet.

»Bleib doch wenigstens auf eine Tasse Kaffee«, sagt Carl grinsend.

Die Spannung ist jetzt beinahe zuviel, und irgendwie hängt alles davon ab, ob Eric noch ein wenig länger bleibt oder nicht. Er steht auf, ein bißchen abrupt, und sieht hinaus auf die Scheinwerfer des Wagens. Sie wollen abhauen, schön, und er weiß, er muß mit, aber auf seinem Gesicht sehe ich einen seltsamen, verzerrten Ausdruck: es gibt einen *Grund,* warum er bleiben muß, nur ist er bis jetzt nicht offenbar geworden. Was tun? (Die Hupe draußen tönt aufdringlich.) Gehen oder blei-

ben? Der Augenblick scheint zu gefrieren, der festgehaltene Bruchteil einer Minute erstarrt in der Luft schwebend zu Eis, kein Wort wird gesprochen in der Küche, nur das tonlose Klingen der ›vibrations‹ in allen unseren Köpfen. Und dann:
Whop! Der Kaffee ist fertig gefiltert, er macht sich laut bemerkbar.
Whop! Whop! Whop! Der verdammte Kaffee kommt genau aufs Stichwort, und Eric fällt aus seiner Trance, der Augenblick der Unentschiedenheit ist gebrochen. Er reicht schnell über den breiten Scheunentortisch hinüber, mir die Hand zu schütteln, eine richtige formale Geste, sagt allen auf Wiedersehen, in seinem Gesicht ein starrer, zögernder Ausdruck, und dann rennt er zur Küchentür hinaus, schlägt sie hinter sich zu. Er ist in letzter Minute entkommen.
Wir alle in der Küche sind wie gebannt, wir hören den Wagen draußen mit quietschenden Reifen abfahren. Etwas sehr Irres ist gerade geschehen, obwohl niemand eigentlich eine Vorstellung hat, was es war.
»Glaubt ihr, er wird je zurückkommen«, fragt Kitty, noch immer im Schaukelstuhl am Herd. Das Licht ist düster geworden, die Kerosinlampe hat gleich keinen Brennstoff mehr, aber trotzdem steht niemand auf, um das Deckenlicht anzuschalten. Obwohl es dunkel ist, sehe ich, daß ihre Augen rot sind, manche Dinge kann auch der Schatten nicht verbergen.
»Ich wollte ihm etwas ganz Besonderes erzählen, über seinen Song, ›Thirsty Boots‹. Ich wartete darauf, daß er ihn singen würde, aber er hat es nicht gemacht.« Nein, es schien so, als hätte Eric den Song nicht singen wollen, obwohl zwei oder drei Leute ihn darum gebeten hatten. »Ich wollte ihm sagen«, sagt Kitty mit kaum hörbarer Stimme, obwohl kein anderer Laut im Raum ist, »wie sein Song diesem Jungen das Leben gerettet hat.«

Erzähl mir von denen, die du sahst,
So gut du sehen konntest,
über die Ebenen hinweg von den Feldern in die Stadt,
auf dem Marsch in die Freiheit.

Und von den rostigen Gefängnistoren,
die allmählich fielen,
wie lachende Kinder, eins nach dem anderen,
die aussehen wie du und ich.

Kittys Geschichte

In New York City hatte Kitty bei der Resistance gearbeitet, einer Organisation, die überall Brüderlichkeit verbreitete und denen Freundschaftsdienste erwies, die lieber ins Gefängnis gingen, als sich von der Armee einziehen zu lassen, den ›aktiven Pazifisten‹.

Ein gewisser Junge namens Richard ging gleich nach der Highschool in New Jersey zur Armee. Nach sechs Wochen oder so erkannte er, daß er niemals mit gutem Gewissen einen Menschen würde töten können. Er haute ab. Vorher schrieb er seinem befehlshabenden Offizier einen Brief, in dem er Adresse und Telephonnummer seiner Eltern mitteilte. Und dann fuhr er nach Hause.

Richards Eltern waren reichlich geschockt, als er in Zivilkleidung zu Hause auftauchte. Er sagte ihnen, was er getan hatte und warum. Dann besuchte er ein paar Freunde. Als er ein paar Stunden später wieder zurückkam, waren seine Eltern nicht da, dafür aber der FBI. Seine Eltern waren so durchgedreht, daß sie den FBI angerufen und ihn denunziert hatten. Als der FBI ihn zu seinem Stationierungsort im nördlichen Teil des Staates New York brachte und man ihn dort in den Bau steckte, weigerte sich Richard, Wasser zu trinken und zu essen. Totaler Hungerstreik in Einzelhaft.

Zwei Tage, nachdem er mit dem Fasten begonnen hatte, hörten ein paar Leute von der Resistance, auch Kitty, daß es da einen Jungen gab, keiner kannte ihn, der einen großen Hungerstreik gestartet hatte auf irgendeinem Armeestützpunkt im nördlichen Teil des Staates New York. Sie brachten eine Gruppe von fünfzig oder sechzig Leuten zusammen, die draußen vor dem Arrestgebäude der Armee demonstrierten.

Der befehlshabende Offizier des Stützpunktes schnappte über, das könnt ihr glauben. Auf der einen Seite hatte er diesen Jungen im Bau, der nicht essen und nicht trinken wollte und zusehends schwächer wurde (eine Niere war schon angegriffen, weil er sechs Tage kein Wasser zu sich genommen hatte), und zum anderen hatte er auch noch sechzig Protestler draußen vor seinem Drahtzaun kampieren. Wenn all das in den Medien aufgebauscht würde, hatte er zweifellos mit einer Degradierung zu rechnen, im besten Fall mit vorzeitigem Ruhestand.

Die Leute draußen vor dem Zaun, mit ihren Plakaten und Schlafsäcken, hatten sich darauf eingerichtet, eine Weile zu bleiben. Sie waren zu Richards Unterstützung gekommen; spezielle Forderungen hatten sie nicht. Sie wollten nur, daß der Junge, irgendwo dort drinnen in dem Arrestgebäude versteckt, wußte, daß er nicht allein war in seinem Kampf. Einer der Jungen aus der Stadt hatte seine Gitarre mitgebracht, aber eigentlich konnte er gar nicht spielen, er lernte gerade erst. Ja, der einzige Song, den er ganz bis zum Ende durchspielen konnte, war ›Thirsty Boots‹ von Eric Andersen. Nun, das war schon in Ordnung, dann würden sie alle eben den Song wieder und wieder singen. Sie saßen bei Sonnenuntergang und sangen ›Thirsty Boots‹, und als die Sonne am nächsten Morgen wieder aufging, da waren die fünfzig oder sechzig Leute immer noch da, die Wolldecken um die Schultern gelegt wie indianische Tücher, die Wache ging weiter und ebenso der Gesang.

Zwei Tage später kamen der befehlshabende Offizier und einer seiner Adjutanten hinaus vor den Zaun, um mit den jungen Leuten zu reden. Was wollten sie denn eigentlich? Er war zwar nicht bereit, irgendeiner ihrer Forderungen nachzugeben, dieser Major, aber vielleicht könnte man zu einer Art Kompromiß kommen, bevor AP oder UPI auftauchten.

Jemand aus der Gruppe sagte ihm, sie wollten eine Botschaft an Richard ausrichten, nur eine einfache Nachricht, um ihn wissen zu lassen, daß sie hier draußen waren und ihn unterstützten. Der Major und sein Adjutant besprachen sich, die Köpfe zusammengesteckt, die Lippen bewegten sich, aber kein Ton drang zur Gruppe herüber. Der Adjutant drehte sich schließlich um und ging auf das Kasernengelände zurück, in Richtung eines der metallgrauen Bürohäuser. Der Major sprach zu den jungen Leuten.

»Ich hätte gern, daß Sie Ihre Nachricht für den Soldaten... auf Tonband sprechen. Ich werde dann hineingehen und sie für ihn abspielen, ich werde ihm mitteilen, daß Sie alle sich hier befinden. Sind Sie einverstanden, daß Sie friedlich abziehen, wenn das geschehen ist?« Seine Stimme war zögernd, aber vertrauenerweckend. Er war ein anständiger Kerl, ja wirklich, das war er. Die Resistance-Leute waren einverstanden.

Der Adjutant kehrte mit einem tragbaren Kassettenrecorder zurück. Verschiedene Leute aus der Gruppe sprachen auf Band, ihre Botschaften waren einfach, manche schleppend, in der Hoffnung, noch mehr zu sagen, nur ein oder zwei Worte.

Dann nahm der Major zwanzig Minuten Gesang auf. Fünfzig Leute sangen ›Thirsty Boots‹, leise und schön, und das war es dann. Nachdem die Typen mit den Schlafsäcken und Peace-Plakaten weg waren, spielte der Major ihm das Band vor, ihm, Richard, an seinem achten Tag ohne Wasser und Nahrung. Der Major war so gerührt von dieser Erfahrung, daß er sofort die Überführung Richards in ein großes öffentliches Krankenhaus arrangierte und erreichte, daß er aus *gesundheitlichen* Gründen sofort aus der Armee entlassen wurde, Richard hatte während dieser Ereignisse eine Niere eingebüßt.
Die Energie der Resistance-Leute, zusammen mit der Magie des Songs ›Thirsty Boots‹, wieder und wieder gesungen, hatte den Major zu einer Handlung gezwungen, die dem Jungen das Leben rettete. Aber Eric Andersen, der Dichter, der den Song geschrieben hatte, hörte niemals von dieser Geschichte. Er verließ die Küche an jenem Frühlingsabend, Minuten bevor Kitty die Geschichte von Richard, der Resistance, dem Song und dem Major begann. Ein seltsamer Zufall fügte es, daß drei Abende später Richard auf der Farm auftauchte, er war auf dem Weg nach einem Stück Land in Ontario. Er hatte von unserer Farm gehört, von einer Freak-Farm-Familie, und gehofft, daß er für eine Nacht seiner Reise aufgenommen würde. Er war überrascht, Kitty hier zu treffen, sie hatten sich das letzte Mal gesehen, als er nach seiner Entlassung aus dem Krankenhaus nach New York ging und sich zu jenen Leuten gesellte, deren Stimmen er auf dem Tonband gehört hatte.
Jedenfalls, das hier ist für dich, Eric.

Also zieh doch deine durstigen Stiefel aus,
bleib eine Weile,
deine Füße sind heiß und müde,
von den staubigen Meilen.

Und vielleicht kann ich dich zum Lachen bringen,
und vielleicht kann ich es versuchen,
ich suche nur den Abend
und den Morgen in deinen Augen.

7. Farm-Handwerk

Frühling verwandelt sich in Sommer wie das Licht sich verändert, wenn die Hand überaus vorsichtig ein Prisma in der Sonne dreht, Lichtbrechung schmilzt langsam in Lichtbrechung, das Violett schimmert durch das Spektrum, gelb in rot, die Sonne selbst.

Zeit, die Fensterläden zu öffnen, die Zimmer auszulüften, die stickig sind von der Wärme der Wintermonate – Körperwärme und Holzrauch, das schwere Parfum des Landlebens – die blechernen Abzugsrohre zu säubern von ihrer innen abgelagerten Schicht Kreosot (schwarz-roter Staub, dick abgesetzt innen und höchst feuergefährlich), die Rollen klebriger Fliegenfänger schnell aufzuhängen.

Die Straße vor dem Haus ist staubig, eine langgezogene Wolke hellbraunen Staubes folgt dem gelegentlichen Wagen, der vorüberfährt.

Die Gerüche kehren wieder, sie hingen eingefroren irgendwo in der Winterluft und sind von der Sonne aufgetaut. Jetzt scheinen sie dich zu verfolgen und zu erfreuen wie ein kaum erinnerter Traum – *vergangener Sommer.* Der Geruch des Grases kommt zuerst und streng, als könne er einen zum Niesen bringen, aber statt dessen ist er angenehm. Dann die Bäume mit ihrem dunklen Grün (das weibliche Prinzip), der Geruch von Kraft und Wasser (beiß in den Stengel eines Sommerblattes und sieh, wie die Säfte tropfen). Die Scheune wird lebendig in einer wahren Orgie von Düften, die variieren auf dem Wege vom Arbeitsraum zum Kuhstall zum Hühner-

stall zum Heuboden: Geruchs-Panoptikum, und dann nicht zu vergessen Lauras Studio mit all den offenen Tabakdosen mit Ölfarben, die einen eigenartigen, wenn auch nicht unpassenden Geruch den normalen und gewohnten Scheunendüften hinzufügen. (In den Wäldern ist dann alles anders: die dicke Schicht von Nesseln und Tannenzapfen auf dem Pfad formt einen Teppich unter den Füßen, und sein feiner Geruch durchdringt den Wald, ohne daß man es bewußt merkt, entfernt verwandt dem des Sandelholz, andeutungsweise nur.)
Die Leute riechen auch im Sommer.
Und die Hunde bekommen diesen echten HUNDEgeruch im Sommer.

Die Samen kommen in kleinen Päckchen mit der Post, der regierungsamtlichen Institution, von solchen weitentfernten und seltsam benannten Orten wie Pennsylvania. Im Winter, gar nicht so lange her, füllte Miß Cathy den Bestellschein aus dem Katalog aus und legte einen Scheck bei, ausgestellt auf das Konto der Farm über die Summe von fünfunddreißig Dollar. Aber die Samen sind nicht mehr in den Päckchen, sie sind in den Blumentöpfen, sie sind seit ein paar Wochen gewachsen in dem Treibhaus, das Laz und Michael erbaut haben, gleich nachdem der letzte Schnee verschwunden war. Man muß sich eine Methode einfallen lassen, das Treibhaus zu heizen, denn wenn Anfang Mai das Wetter auch schön und sonnig sein mag, ist es dennoch kalt genug, um die Keimlinge absterben zu lassen. Man kann entweder einen elektrischen Heizofen benutzen (wenn man glücklich genug ist, sowohl das Gerät wie die Elektrizität zu haben) oder einen kleinen Aubuchon-Holzofen, von dem ein kleines Stück Rohr an der Seite des Treibhauses hervorguckt. Das Gebäude selbst ist vielleicht zwei Meter fünfzig hoch, drei Meter lang, nicht mehr als ein

CHRISTOPHER E. GREEN

kräftiger Rahmen, der mit alten Fensterläden und dauerhafter Plastik abgedeckt ist. Ende Mai werden die Keimlinge, die bis dahin warm in ihren Töpfen im Treibhaus sich haben entwikkeln können (und immer sorgfältig begossen wurden), in die Erde gepflanzt, und nach einer kurzen Zeit wird sich der Topf in der Erde zersetzen und die Wurzeln unserer Pflanzen können sich ausstrecken.

Unser Garten ist ein Stückchen gleich unterhalb der Garage, auf der unteren Hälfte des Hügels; das Wasser fließt den Hügel hinab und formt einen fruchtbaren Schoß, bevor es unten in den Sawmill-Fluß versickert. Der Garten ist nicht ganz zwei Morgen groß, obwohl das Gott weiß genug ist, um eine wunderbar reichhaltige Auswahl von Gemüse und Früchten zu bieten, die sechzehn Leuten für den größten Teil des Winters ein gutes Leben sichert. Das Land war seit über zehn Jahren nicht bestellt worden, als wir im Herbst 68 dort ankamen, und erst im folgenden Frühling begannen wir unsere Arbeit. Wir kalkten die Erde damals sehr stark, und wir breiteten so viele Schichten Dünger über ihr aus, wie es uns mit Händen und Schaufeln gelang. Die Ernte des zweiten Sommers erwies sich als viel reichhaltiger wegen dieser Fruchtbarmachung der Scholle, und die des nächsten Sommers müßte unglaublich werden. Tony fährt Mighty Mite, unser Farmarbeitstier Nummer eins (mittlere Größe, aber mit der Kraft von zwei Ochsengespannen), und zieht hinter sich die Egge her, deren scharfe Scheiben die Scholle umhäufen, den Kalk und den Mist verharken, hin und her, drüber und drunter.

Cathy hat den Garten zweigeteilt mit einer langen Reihe von Bohnenstangen. Diese Bohnenstangen sehen aus wie die nackten Skelette von Wigwams, ein Dreiergestell von drei Meter hohen Stangen, aus jungen Bäumen geschnitten und in X-Form gekreuzt; die Ranken der Kentucky-Wunderbohne werden an den unteren Enden der Stangen noch von dünnen Bindfäden gehalten, aber je dicker sie wachsen und je üppiger sie wuchern in saftigen grünen Blättern, desto stärker klammern sie sich aus eigenem Antrieb um die Stangen. Die Bohnen sind verborgen überall in den Ranken, oben und unten an den Stangen. Vom Haus aus sehen die Bohnenstangen aus wie eine Reihe von Wachtposten, die den Hügel hinuntermarschieren und mit Vogelscheuchenaugen nach Maulwürfen blikken oder anderen Tieren, die versuchen sollten, spätabends sich noch in den Garten zu schleichen, um sich schnell zu laben an einem Salatblatt oder ein paar jungen köstlichen Tomaten. Unser Anbau ist streng organisch, keine chemischen Ungeziefervertilgungsmittel oder Kunstdünger, und, toi-toi-toi, bis jetzt hatten wir wenig Ärger mit Käfern oder sonstigen Insekten.

Ich erinnere mich, daß es in unserem ersten Sommer eine ziemliche Debatte über das Thema ›organisch oder nicht?‹ gab. Marshall hatte einen Vertrag mit der Oxford Pickle Plant im nahegelegenen Deerfield abgeschlossen und geplant, auf unserem oberen Feld für sie Einlegegurken zu züchten. Aber um das auf angemessene Weise zu leisten, das heißt mit Erfolg, hätten wir Schädlingsbekämpfungsmittel benutzen müssen, wie Marshall meinte. Im Haus gab es einen leichten Aufruhr. Die Benutzung von solchen chemischen Mitteln auf einem Teil des Landes würde natürlich auch den Rest beeinflussen; man konnte nicht ein organisches Anbaugebiet fünfhundert Meter unterhalb einer Gurkenpflanzung haben, die mit Schädlingsbekämpfungsmitteln und chemischen Düngemitteln gesprüht war, denn wenn das Zeug einmal im Boden war, dann würde es durchsickern bis hinunter zu unserem Hauptgarten. Der Streit ging hin und her, ich schätze, es wurde recht wild argumentiert. Laz schwor, er würde gehen und nie zurückkehren, wenn Marshall darauf bestehen sollte, die chemischen Mittel zu benutzen. Ein Teil der ganzen *schmaze* ging um das Problem, ob wir das Gemüse nur zu unserem eigenen Bedarf züchten oder es verkaufen sollten, oder beides? Ira und Marshall sahen intelligenterweise voraus, daß durchaus etwas Bargeld mit unserem Gartenanbau zu machen war, aber um das zu gewährleisten, müßten wir uns ›kommerzieller Methoden‹ bedienen – das überlegten sie sich vor eineinhalb Jahren: diesen Sommer aber verkaufen die Leute von einer unserer benachbarten Kommunefarmen organisches Gemüse von ihrem Lastwagen aus, den sie in der Stadt in einer Seitenstraße geparkt haben, und sie machen ein ganz schönes Geschäft, da alles, was nach ›Umweltbewußtsein‹ schmeckt, in diesem Jahr ziemlich gefragt ist. Der fast einheitliche Widerstand der Gruppe gegen den Gebrauch von Chemikalien war stark genug, so daß Marshall und Ira der Schreckliche ihr Programm kommerziellen Anbaus fallen ließen. Ira hatte Anbau dieser Art mit Freunden im vorausgegangenen Sommer in Pennsylvania betrieben – Mais und Tomaten – und nun, ja, er hatte eben das Gefühl, dies organische Zeug sei größtenteils Unsinn. Er moserte hier und da deswegen herum, aber entschloß sich dann, die ganze Sache zu vergessen. Statt dessen ging er los und bettelte und borgte genug Geld zusammen – über fünfhundert Dollar –, um unseren wundervollen Traktor zu erstehen, Mighty Mite, mit all seinen nützlichen und notwendigen Zusatzgeräten, Pflug, Egge und Antrieb für die Bandsäge, wenn der Traktor selbst im Stand läuft. Ira machte eine überwältigende Figur hoch oben thronend hinter dem Steuerrad des roten Traktors, stämmig, mit nacktem Oberkörper und engelsgleichem Lächelgesicht, das seinen obszönen Akzent durch den Spitzbart (all-die-kleinen-Mädchen-zum-Heulen-Bringer) bekam, der vom Ende seines

Kinns sich abhob und ihn zu einer bemerkenswerten Mischung aus Bruder Tuck und Sancho Pansa machte. Riesige S-Kurven zeichnete er in die Erde, hin und zurück, und dabei brüllte er, so laut er konnte, fröhlich frühe Dylan-Songs.

Außer ihrer Rolle als unsere seßhafte Zigeunerdame verkörpert Miß Cathy auch die der eingeweihten Garten-Lady, was ihren angeborenen Sinn für Symmetrie und natürlichen Raum widerspiegelte. Sie und Laz legten die Gemüsebeete auf eine Weise an, daß dein Blick, wenn du zufällig unsere Staubstraße entlanggeschlendert kommst und in die rechte Richtung schaust, unwillkürlich von der eigentümlichen Reihe von Bohnenstangen angezogen wird; wenn du von dort noch etwas weiter blickst, entdeckst du die sorgfältig geplanten Beete für die verschiedenen Gemüsesorten. In der oberen linken Ecke des Feldes befinden sich die Gloriana Tomaten, elf säuberliche horizontale Reihen, für die achtzig Tage vergehen müssen bis zur Ernte. Tom und ich verbrachten ein paar Nachmittage damit, aus diesen Beeten das Unkraut zu jäten und den Sommersonnenuntergang zu betrachten. Nach dem Jäten breiteten wir eine dünne Schicht Heu wie eine Decke darüber aus, um dem Unkraut die Sonnenstrahlen fernzuhalten und es so hoffentlich loszuwerden. Umgeht man den Garten von außen, so wirkt er wie eine Flickendecke; unterhalb des großen Flecks roter Tomaten ist ein Quadrat mit Spring Gold Mais, der siebenundsechzig Tage reifen muß; unterhalb dieses Quadrates liegt wiederum ein Fleck aus Commander Karotten, spanischen Ziebeln, Pacesetter Zwiebeln (Speed-King in der Gemüsewelt!), drei Reihen Buttercrunch Salat und zwei andere Arten desselben Gewächses. Das Quadrat schließt an drei Reihen Green Comet Broccoli an. Im letzten Quadrat in der ersten Reihe dieser Flickendecke laufen die Beete *vertikal,* nicht quer wie die vorhergegangenen Beete leuchtendfarbiger

Vegetation. (Ein sehr cleverer kleiner optischer Trick, denn sobald der Blick in die untere Ecke des Feldes wandert, wird er sofort wieder zurückgeleitet, gefangen wie durch einen hölzernen Gemälderahmen.) Jenes letzte Quadrat besteht aus sechs Reihen von Kirschtomaten, jene Sorte, die alle lieben und von denen man sich den Löwenanteil aus der Riesensalatschüssel zu fischen versucht, und sechs Reihen des feinsten Butter and Sugar Mais, dessen Körner ungleichmäßig gesprenkelt sind.
Im Zentrum des Gartens befindet sich ein großer Streifen gemischten Gemüses, Snowball Imperial Blumenkohl, Black Magic Auberginen, fünfundvierzig grüne Pfefferpflanzen (von denen sind nie genug da, wir müssen dran denken, das nächste Mal mehr anzupflanzen), ein paar Reihen Rosenkohl, und dann ein tiefes Feld (12 Reihen, 120 Pflanzen) von Burpee's Sugarhead Kohl. Wir hatten ein bißchen Ärger mit Schädlingen im Kohl; aus den ersten Blättern waren überall winzige Stückchen herausgefressen. Das dauerte fast eine ganze Woche lang, doch während wir verzweifelt nach einer Lösung suchten, machten sich die Viecher auf wunderbare Weise auf und zogen woanders hin. Bohnen kommen als nächstes, diesmal andere als die von den Bohnenstangen, eine Riesenmenge haben wir davon, einen ganzen Berg, könnte man schon sagen, acht Reihen Soyabohnen und eine gleiche Anzahl von roten Nierenbohnen (tief zur Winterszeit, wenn der Küchenherd fast zwanzig Stunden heißglüht am Tag, entdeckt man einen großen Tontopf auf seiner Ecke. Man hebe seinen runden Deckel an und riskiere einen Blick hinein: dampfende braune Baked Beans, Cathys Extra-Spezial-Hausmacher-Bohnen, bessere hat man nirgends je gesehen oder geschmeckt, ihr Leute aus Boston!). Aber es ist jetzt nicht Winter, es ist gute, heiße Sommerzeit, und wir stehen barfuß im Wassermelonen-Gebiet; diese Früchte sind nicht stolz, sie teilen sich ihre Beete

mit den Warzenmelonen und sogar mit einem so weitläufigen Vetter wie Mr. Zucchini. Der Garten, das friedliebende Königreich. Bis auf das Unkraut. Ach, der ewige Kampf gegen das zehnmillionenfache Heer der Unkräuter. Es gibt natürlich keine sichere Methode, diesen Kampf zu gewinnen, aber der wahrhaft mutige Angriff auf sie wird nicht unbelohnt bleiben. Die Aktion gleicht einem einfachen Handgemenge, runter auf alle viere und zugeschlagen, wo man ihre Wurzeln erblickt, also überall. Nachdem die Pflanzen einmal erfolgreich umgebettet sind in die gute Erde (›erfolgreich‹ heißt hier, daß in letzter Minute nach der Umpflanzung kein unerwarteter Frost hereinbricht), dann besteht die Arbeit hauptsächlich nur noch aus Unkrautjäten und Begießen in Zeiten, wo nur wenig Regen fällt. Jäten ist eine jener perfekten Aufgaben, denn wenn man da draußen im Garten ist und der Himmel blau wie über dem Karibischen Meer leuchtet und die Sonne Riesenbündel Wärme vom Himmel sendet, dann spürt man wirklich sich selbst, der Körper fängt an zu schwitzen und man riecht sich selbst, man fühlt sich wie eine der Pflanzen, man denkt *nada,* zieht einfach nur noch ein paar Unkräuter aus dem Boden und setzt sich dann eine Weile hin und betrachtet genießerisch den Rest des Gartens. Tom lehrte mich einen kleinen Trick fürs Unkrautjäten: sieh dich nicht um, um zu prüfen, wieviel du schon geschafft hast (d. h. wie viele Pflanzen oder Beete du schon vom Unkraut befreit hast), bis du es einfach nicht mehr aushalten kannst, dann dreh dich um und sieh – dunkelbraune Erde, wo vorher dichtes grünes Unkraut war, die Pflanzen erscheinen jetzt wie Miniaturbäume, grüne Sterne, gleichmäßig auf diesem dunkelbraunen Banner verteilt.

Wasser, Wasser ist es, was wir brauchen, und manchmal, wie gegen Ende Juli, ist einfach nicht viel zu kriegen. Wir hatten auf unserer Farm ziemliches Glück, da keiner unserer Brunnen je wirklich ausgetrocknet ist, obwohl der Wasserstand schon so niedrig war, daß das Rohr der Handpumpe die Wasseroberfläche nicht mehr erreichte und wir unser Wasser mit einem Eimer am Seil heraufholen mußten. Aber das ist nichts im Vergleich damit, wenn die Brunnen echt versiegen und kein Wasser mehr durch die Rohre fließt und fünfzehn oder mehr Leute im Haus sind und es gibt kein Wasser. Zwei unserer benachbarten Farmfamilien in einem Umkreis von dreißig Meilen ging in diesem Sommer das Wasser aus; drei oder vier Wochen mußten die Leute Wasser in riesigen Mülltonnen aus dem Fluß schöpfen, sie aßen von Papptellern, badeten nicht, sorgten sich um das Wasser für die Tiere, ich kann euch sagen, das wird eine ganz schön kritische Angelegenheit. (Ich vermute, die Leute, die unser Farmhaus bauten und die Rohre hier legten und die Brunnen gruben, ich vermute, die wußten, was sie taten, und ich bin ihnen überaus dankbar dafür.) Als die Trockenheit uns dieses Jahr überkam, da wurden die Gießkannen eingesetzt: Cathy und Janis und Nina und Laz und Chuck, hin und zurück das Feld hinauf, über die Straße, die Kannen gefüllt und dann zurück zu den Pflanzen. Das ist Arbeit. Außer dieser ziemlich wichtigen Aufmerksamkeit aber kommen die Pflanzen ganz gut allein zurecht. Seht mal, sie sind nicht wie wir, zerbrechen sich nicht den Kopf über diese oder jene Situation, was sollte das-oder-das bedeuten, was der-oder-die gesagt hat, die Pflanzen wachsen einfach, und das ist alles. Der Spargel und die Artischocke, die kümmert nicht, ob mein Haar lang ist oder kurz, ob ich alt bin oder jung, sie scheren sich nicht um meine politische oder unpolitische Haltung, die Pflanzen geben keinen Deut auf geblubberte philosophische Streitgespräche über die Zurück-aufs-Land-Bewegung oder ähnlichen Unsinn: wirklich, wenn man schon Lärm machen will, während man Unkraut jätet, dann tut man gut

daran zu singen, irgendwas zu singen, das *Organic Gardening* Magazin (ein sehr duftes kleines Monatsblatt herausgegeben vom J. I. Rodale Institute, Gott segne es) hat bestätigt, daß Pflanzen in der Tat positiv auf Musik reagieren, also seid sorgfältig bei der Auswahl der Melodie. Den Rest besorgen die Pflanzen allein.
Eine letzte Skizze, bevor wir den Garten verlassen: der lange, dünne Johnny Wilton gräbt auf der entfernten Seite des Feldes an einem sanften Hang Löcher, in die Bäume gepflanzt werden sollen, Obstbäume, die früh Früchte tragen, die ersten Anzeichen eines in unserer Hoffnung schon bestehenden üppigen Obstgartens. Johnny trägt khakifarbene Bermudashorts, seine spitzen Knie und die Glieder seines Körpers sind nicht dicker als die dünneren Äste des Babypfirsichbaumes, den er jetzt vorsichtig in das metertiefe Loch senkt. Black Booger wartet geduldig an seiner Seite, der Hund bewegt sich dann mit John zur fünf Meter entfernten nächsten Stelle und setzt sich, als John anfängt zu graben. Eine fette Fliege taucht fröhlich auf und mit einem blitzschnellen Schnapp! hat der Booger sie im Maul, zerquetscht sie säuberlich zwischen breiter Hundezunge und Gaumen. John lacht, und dann dreht er sich um und winkt zu uns herüber.

Aus einem der Schlafzimmerfenster: die grüne Weide zieht sich langsam hügelaufwärts zum flachen Kamm, dann zum obersten Feld. Auf dem Gipfel des Hügels grasen die beiden Kuhdamen, Dolly und Delilah, ruhig in der Nachmittagssonne. Kurz vor Einbruch der Dunkelheit muß man hinausgehen und sie in die Scheune holen, damit sie gemolken werden, sie kommen von ihrem Hügel ziemlich bereitwillig herunter, da sie genau wissen, eine große Schüssel Milk-More Futter erwartet sie an ihrem Freßgitter. Ich gehe gerne hinter ihnen her, wenn

sie bei Dämmerung hineingebracht werden müssen, der Anblick ist chaplinesk: spitze Knochen, die aus ihren Hinterteilen vorstechen, und dann das mächtige Bauchschwingen im perfekten Rhythmus von Seite zu Seite, das Schwingen direkt im Gegenrhythmus zu ihren Schritten und den schmalen Beinen und Knöcheln. Die Kühe gehen der Sonne entgegen, denn die Richtung ist westlich, und die Sonne lugt noch gerade aus dem so viele Meilen entfernten Taleinschnitt hervor, die goldene Farbe breitet sich weich aus auf Dollys braunem Fell: es ist wie ein Bild von Wyeth, nur Sommer in West Neu-England. Delilahs dicker Schwanz schießt in einem perfekten Kreis durch die Luft und landet mit einem schallenden Schlag auf einem Schwarm Fliegen, die sich auf ihrem Hüftknochen niedergelassen haben, und dann, ohne ihren Schritt zu verlangsamen, läßt sie einen gewaltigen Haufen ockerbrauner Scheiße ab, die herausgleitet und zu Boden fällt. Plop!
Dolly ist wahrscheinlich neun Jahre alt; eine goldbraune Jersey-Kuh mit einem wunderschönen schwarzen Gesicht, riesigen klebrigflüssigen Augen, die sich rundherumdrehen, wenn man ihr unter dem Kinn krault. (Irgendein schuftiger alter Farmer kam eines Tages vorbei und sagte uns, wir wären reingelegt worden, sagte, er würde die Kuh kennen und die Farm, von der sie zu uns gekommen war, und daß Dolly nicht einen Tag weniger als fünfzehn Jahre alt wäre. Aber der alte Furz redete Kohl, wollte uns zweifellos mit irgend solchem Yankee-Unfug kommen, denn wie der Tierarzt uns später zeigte, haben alle Kühe ein kleines Metallplättchen an der Spitze eines Ohres befestigt, auf dem das Geburtsjahr besagten Tieres eingraviert ist.) Bevor Dolly kam, um mit uns zu leben, bevor Cathy und Lazarus sie an jenem glorreichen 4. Juli heimbrachten auf Jim Aarons verläßlichem Kleinlaster, hatte Dolly einem einheimischen Farmer gehört; sie lebte auf einer kleinen Farm, die nur

von dem Mann und seiner Frau bewirtschaftet wurde, die acht oder neun Kühe wurden immer mit der Hand gemolken. Dolly hat das netteste Gemüt aller weiblichen Wesen, die mir je begegnet sind. Delilah andererseits hat sich noch nicht ganz an das ›Hippieleben‹ gewöhnen können, wie man hier zu witzeln pflegt. Sie war eine Art ›Fließband-Kuh‹, das heißt, sie kam von einem Riesenmolkereibetrieb, wo zwei- oder dreihundert Kühe alle von einer elektrisch betriebenen Melkmaschine gemolken wurden. Sie ist jetzt erst ein paar Monate hier bei uns, vielleicht wird sie mit der Zeit ein bißchen lockerer, oder wir werden vielleicht organisierter. Manchmal kann ich geradezu spüren, wie sie unsere Desorganisation höhnisch betrachtet, daß wir zum Beispiel den ganzen Sommer brauchten, um die Weide einzuzäunen, und als das schließlich geschafft war, fanden die Kuhdamen dennoch Stellen, an denen sie unter dem Zaun durch oder irgendwo dazwischen ausbrechen konnten, und dann ging die wilde Jagd Hals über Kopf in den Garten, hin zu den süßen jungen Halmen, den zarten Tomatenpflanzen usw. Wenn man zufällig Zeuge wurde dieses komischen, wenn auch zielstrebigen Sprints, den die Kuh – gewöhnlich Delilah, aber manchmal auch Dolly –, auf den Garten startete, hörte man sofort zu arbeiten auf und rannte hinter ihr her, aus vollem Hals brüllend: »Deeee-li-lah! Verschwinde aus dem Garten!« Denn wenn man nicht schnell handelte, würde sie sich einfach nach Herzenslust in den Gemüsebeeten wälzen und alles niedertrampeln. Delilah pflegte den Garten friedlich zu verlassen, doch wir mußten oft die Verfolgungsjagd ein- oder zweimal machen und ruinierten dabei eine Anzahl Pflanzen. Meistens aber ließ sie sich zur eingezäunten Weide treiben, nur um einen zweiten wilden Ausbruch in Richtung Garten am späten Nachmittag zu unternehmen.

Cathy bezahlte zweihundert Dollar für Dolly, Geld, das sie

von ihrer Mutter geliehen hatte. Einen guten Teil des Sommers arbeitete sie bei der Telephongesellschaft, um es zurückzahlen zu können. Für sie war es unbedingt erforderlich, daß die Farm auch eine Kuh hatte: im Juli unseres ersten Sommers hatten wir fünfundzwanzig Hühner, Mama Ziege und ihren Sohn Billy-den-nicht-so-süßen, Rhoda und Priscilla, die tanzenden Schweine, aber eine Kuh, Himmel!, die Kühe sollten sich als das Geheimrezept für das Überleben der Farm erweisen. Nicht nur produzieren sie Milch im Überfluß, aus der wir auch unsere Butter machen, Käse, Joghurt, siebenunddreißig verschiedene Geschmacksrichtungen handgeschlagener Eiskrem (frischer Erdbeergeschmack, Himbeer, Schokolade mit Nuß und türkisch Honig, und dann die Pfirsicheiskrem, die haut einen besonders um), nein, *die Kühe sind auch der Farm unsichtbare Anker.* Sie müssen zweimal am Tag getränkt und gemolken werden, da gibt es keine Ausnahme, Herbst, Winter, Sommer, Frühling, und das Bewußtsein eines jeden, daß dies gemacht werden muß, schafft einen Rhythmus, der dem Farmleben Dauerhaftigkeit verpricht. Die Kühe sind unsere ganz besonderen Zeitmesser, die feinen Metronome, die ruhig und beständig sich hin und her bewegen, während die chaotische Berg-und-Tal-Fahrt-Operette unseres Farmlebens von Akt zu Akt fortschreitet. Dolly und Delilah zu melken ist die lebenswichtigste Sache, die während des Tages auf der Farm geschieht, und doch kehrt diese Aufgabe beständig alle zwölf Stunden wieder. Ich glaube, Cathy ahnte diese unentdeckte Wichtigkeit (der Kühe und des stabilisierenden Rhythmus des Melkens), und daher war sie auch so wild entschlossen, sofort eine anzuschaffen.

Die Kühe zu melken ist eine überaus sexuelle Erfahrung, die über jede Geschlechtsgebundenheit hinausgeht. Die Euter sind *Titten,* aber sie sind auch Penisse in ihrer physischen Erscheinung und in ihrem Mechanismus. Man legt Handfläche und Finger fest um die lange (acht bis zehn Zentimeter) Zitze und zieht dann, während man gleichzeitig mit dem kleinen Finger preßt. Man braucht ein bißchen Übung dazu. Die Milch kommt wärmer heraus als lau, und der Strahl macht ein hell klingendes Geräusch, wenn er in den Metalleimer trifft. Dolly hat es gern, wenn man ihr etwas vorsingt (ich erfinde zotige Lieder je nach meiner Stimmung), aber Delilah läßt das absolut kalt. Sie findet das Melken von Hand auch erniedrigend, wie ich schon vorher erwähnt habe, aber sie wird bestimmt demnächst Geschmack an diesem alten Stil gewinnen. Die Fußbodenbretter des Melkschuppens sind nicht angenagelt, so daß man ohne zu große Schwierigkeiten den Kuhmist in das Kellergeschoß der Scheune schaufeln kann. Dort häuft er sich Herbst, Winter und Frühling über, und wenn der Schnee so ziemlich verschwunden ist, müssen wir hinunter unter den Scheunenboden und alles auf den Mist-Streuer laden, der von Mighty Mite gezogen wird.

Die Morgenmilch wird in dem rostfreien Stahleimer im zweiten Kühlschrank gelassen, einem kleinen Ding, das wir selbst zusammengebaut haben und das speziell unserer Milchwirtschaft dient. Wenn es Zeit wird für das abendliche Melken, so gegen sieben Uhr, dann nimmt man den Eimer heraus, hebt das Seihtuch ab, das ihn bedeckte und schöpft die dicke Sahneschicht ab, die sich während der zwölf Stunden an der Oberfläche abgesetzt hat. Alle Hunde kommen und versammeln sich einem um die Füße. Sie warten, wer von ihnen die Sahnekelle bekommen wird, wenn man fertig ist. Nachdem die Sahne abgeschöpft und in das Vier-Liter-Butterfaß gegossen ist, kommt die Milch in große Krüge mit weiten Hälsen. Es ist besser, weithälsige Krüge zu benutzen, denn man muß innen richtig rankommen, um sie mit Seife zu säubern, etwas sehr

Wesentliches, um die Milch frischzuhalten: gut die Krüge saubermachen! Dann wäscht man den Silbereimer mit heißem Wasser und füllt ihn bis an den Rand mit kaltem Wasser, das man vor dem Melken zu den Kühen hinausträgt. Es ist ein Prozeß, der in einer besonderen Folge abläuft, erst dies, dann das, eins-zwei-drei, usw. Nachdem man gemolken hat, bringt man den vollen Eimer hinein und seiht die Milch durch das Tuch, um all die Heu- und Schmutzpartikel auszusondern, die sich während des Tages unter dem Bauch der Damen angesammelt haben und beim Melken leicht mit in den Eimer fallen.

Die prächtige Dolly und die dickköpfige, aber auch liebenswerte Delilah sind ein entscheidender Schritt, unsere Familie autark zu machen, obwohl ich sagen möchte, daß wir bestimmt keine von den sogenannten Totale-Unabhängigkeits-Freaks sind. Aber jeder Schritt, der den Zwang abbaut, Geld auftreiben zu müssen (oder vielmehr, der dem *Mangel* an Bargeld entgegenwirkt), ist ein Schritt in die richtige Richtung. Wie an anderer Stelle gesagt, Zeit ist Geld, und wir brauchen sie, unsere Zeit, für uns selbst, soviel wie möglich davon. Die Arbeit, die auf der Farm getan werden muß, ist keine *Arbeit,* nicht im geringsten, sie ist Vergnügen. Vergnügen deswegen, weil man zu Hause ist, wenn man sie tut, es gibt keine Trennung zwischen der Art deiner Arbeit und der Art deines Lebens. Mordssache.

Nach dem sanitären Zusammenbruch usw. einigten wir uns alle darauf, daß jeder sechzig Dollar im Monat zahlen mußte, um die Hypotheken abzubezahlen und um Nahrungsmittel zu kaufen (die wir damals noch im Laden einkauften, da wir weder Feldfrüchte anbauten, noch Kühe hatten). Wie man die sechzig Dollar im Monat auftrieb, war einem selbst überlassen.

Ich nahm einen Job an und lieferte in der Gegend von Northhampton Zeitungsbündel aus. Ich mußte jeden Morgen um halb sieben aufstehen und mit Wildebiest in die Stadt fahren, war aber dafür auch schon um halb neun wieder von der Arbeit zu Hause. Um die Zeit standen die anderen auch so langsam auf, und das war ganz dufte. Mit dem Job verdiente ich fünfundzwanzig Dollar die Woche, und das reichte für meinen Anteil an dem Hypotheken- plus Haushaltsgeld sowie für eine große Dose Top Zigarettentabak. Aber der monatliche Zahlplan wurde nie sehr streng eingehalten: manche von uns konnten nicht monatlich das Geld zusammenbekommen, sondern warfen von Zeit zu Zeit eine größere Summe Geldes in den gemeinsamen Topf; andere konnten nur alle Jubelmonate mal sechzig Dollar aufbringen; und dann gab es auch noch welche, denen es absolut unmöglich war, eine so enorme Summe Geld jemals zusammenzuraffen.

»Was macht ihr denn mit solchen Leuten, die ihren Anteil nicht aufbringen?«

Ich denke, das funktioniert so: es gibt manche Leute, an denen liegt einem und die möchte man um sich haben, Mitglieder des Stammes, die aus dem einen oder anderen Grund unfähig sind, irgendwie Geld zu ›machen‹. Also nimmt man etwas mehr Belastung in Kauf, so gut man kann (aber wenn die Last zu schwer wird, dann spreche man das aus!). Das Wort, die Idee des ›Beitragens‹ ist ganz schrecklich irreführend: materielle Beiträge, Autos, Werkzeuge, Geld, Bandsägen – wie eben auch der Ort selbst, die Farm – müssen immer sekundär bleiben nach den persönlichen Beiträgen – d. h. was zwischen den Leuten selbst ist, muß immer wichtiger sein als die Tatsache, ob das Wohnzimmer auch gestrichen worden ist. Sonst hört die Magie auf.

Der monatliche Plan, Bargeld zusammenzubringen, verlor

ganz von selbst seine Existenzberechtigung, als wir unsere erste Ernte einbrachten. Wir machten eine unglaubliche Menge von Tomaten, Mais, Kürbis, Zwiebeln ein oder ließen sie tiefgefrieren, und was wir nicht selbst aufbewahren oder verbrauchen konnten, fuhren wir in die Stadt und verschenkten es vom Laster aus. Als die Ernte einmal eingebracht war, sank die finanzielle Belastung auf bemerkenswerte Weise. Oh, wir brauchen immer Geld, schätze ich, also, wenn ihr was über habt, zahlt es schnell auf das Familienkonto ein. Jeder weiß, welche Ausgaben wir haben:

Hypotheken: 225 Dollar im Monat.

Elektrizität: himmelschreiende 75 Dollar alle zwei Monate.

Nahrungsmittel: 25 Dollar oder weniger im Monat.

Beitrag für landwirtschaftliche Genossenschaft: 400 Dollar pro Sommer.

Verschiedenes: 25 Dollar im Monat.

Das ist wirklich keine sehr große Summe, die zwölf bis sechzehn Leute aufbringen müssen. Die Autos werden zum größten Teil von ihren jeweiligen Besitzern unterhalten, obwohl von Zeit zu Zeit jemand mal mit einem großen Knall die Eigentumsschallgrenze durchbricht und alle Besitzrechte an einem Fahrzeug abtritt. In dem Fall wird dann die Unterhaltung eine Gemeinschaftssache (wenn das Auto noch fährt). Benzin, Winterreifen, Batterien, Ersatzteile, das sind die echten Dämonen. Das Land und die Elemente sorgen nicht besonders freundlich für die Motorfahrzeuge, aber was haben diese schließlich auch je für sie getan?

Cathy und Lazarus binden in ihrer Werkstatt im alten Bourning Raum Bücher in Leder. Johnny Wilton gibt viermal im Jahr unser Familienblatt heraus, *The Green Mountain Post* (und das ist gar kein schlechter Reibach bei fünfzig Cent pro Exemplar. Tom entdeckte, daß eine Gruppe von uns mit ein paar Nachmittagsstunden Zeitschriftenverkauf am Harvard Square die Stromrechnung für einen Monat bezahlen kann, und dabei auch noch ein bißchen Wechselgeld übrigbleibt für das Orson-Welles-Kino). Michael Curry arbeitete ganztags im Bendix Werk in Greenfield, auch noch Spätschicht, und obwohl es nur für zwei Monate war, erschien es ihm ebenso wie dem Rest von uns, als seien es zwei Jahre. Es ist echt Scheiße, wenn jemand einen Job woanders hat, besonders ganztags, und es ist eine Situation, die vermieden werden sollte, wenn irgend möglich. Marshall machte nach Lorbeer duftende Kerzen in seinem Bodenraum in der Scheune (›Kerzenfabrik zum Dorftrottel‹, nannte er seinen Laden) und verkaufte sie dann in vornehmen Geschäften in Cambridge, New York oder Amherst. Stevie Marsden arbeitete für ein paar Wochen bei der Oxford Pickle Verpackungsfirma unter Norbert Wieners Bruder. Susan macht Kleider, die sie in Läden verkauft, und sobald ich diese Geschichte geschrieben habe, kommen eine Menge Dollars rein, die ein paar Hypothekenbelastungen decken und uns in den dritten Winter bringen.

Es ist Ende August, und Mann, es ist heiß! Wir warten jetzt schon über einen Monat auf den Regen, und der sollte lieber schnell kommen, sonst gehen uns die Pflanzen noch alle ein. Diese Geschichte wäre ziemlich anders geworden, wenn ich sie im Winter geschrieben hätte und nicht im Sommer.

Drei Uhr nachmittags, maximale Leuchtkraft der Sonne, heute abend wird es nicht dunkel vor neun Uhr dreißig. Die Gittertür knallt ihr nachhallendes ›slammmm‹ (muß mal heilgemacht werden), und von meinem Fenster aus kann ich eine ganze Herde Leute sehen, die zum Slug-o-Bus laufen, Harveys Econoline Kombi. Cathy, Lazarus, Laura, Margot, Mad Johnny, Michael mit einem Handtuch über der Schulter und Tom mit seiner Klaviaturzither, ein bißchen aufzuspielen unten am Wasser. Dann Chuck und Nina (›Die George Burns und Gracie Allen des Neuen Zeitalters‹), Nancy (Sluggos wunderhübsche Schwester) und jetzt Janis und Sequoiah Superbaby. Der Black Booger und sein Hundesöhnchen Nummer Eins, The Mighty Quinn, hüpfen in den Bus, einen Sekundenbruchteil bevor die Tür sich schließt. Der Motor springt an, der Fiske Pond Express fährt ab.

»He, wartet auf mich!«

Sommer: die Feuer-Zeit. Fiske Pond, ein kleiner, menschengemachter Tümpel, vier Meilen von der Farm entfernt, und verborgen in einem Dickicht von Ahorn und Schierling. Wir schwammen dort den ganzen letzten Sommer und auch einen guten Teil dieses Sommers, bis zu dem Tag, da der Polizeibeamte von North Leverett kam, seine Polizeimarke den nackten Körpern (Männer, Frauen, Kinder, Hunde, sogar schwangere Mädchen!) entgegenstreckte und stammelte: »Wir, ähm, tun sowas... tun sowas hier in der Gegend nicht.« Ein auf dem Lande geborener und aufgewachsener Mann, schütteres Haar, schon in den Sechzigern, ein angenehmes Gesicht: *hat er so schnell seine eigene Jugend vergessen?* Was ist mit all den Magazin-Titelbildern, auf denen die splitterfasernackten Landkinder schwimmengehen in den Tümpeln?

Wir einigten uns, bekleidet schwimmenzugehen (›keine Wellen schlagen lassen‹) und taten das auch ein paar Wochen lang bis zu jenem Tag, da wir hinausfuhren zu dem Tümpel und einen großen Zaun fanden, eine Kette quer über die Straße mit dem Plastikschild, das in irgendeinem Laden gekauft war: Unbefugten Zutritt verboten. Kein Fiske Pond mehr, Grundeigentümer (der Tümpel war von einer Gruppe angelegt worden, die hier ein Ferienlager für Angler bauen wollte, sich aber später auflöste) weigern sich beizutragen zu ›unserem Way-of-Life‹.

Spät des Nachts, wenn nur noch die Sterne wach sind, schleichen wir uns nackt zu dem Tümpel im Walde, das Wasser ist weich und dunkel, lachende Stimmen, plätschernde Geräusche und fröhliches Hundejapsen, die schwimmenden Körper eins mit dem Wasser, kein Zeuge des Verbrechens außer dem warmen Sommermond.

CHRISTOPHER E. GREEN

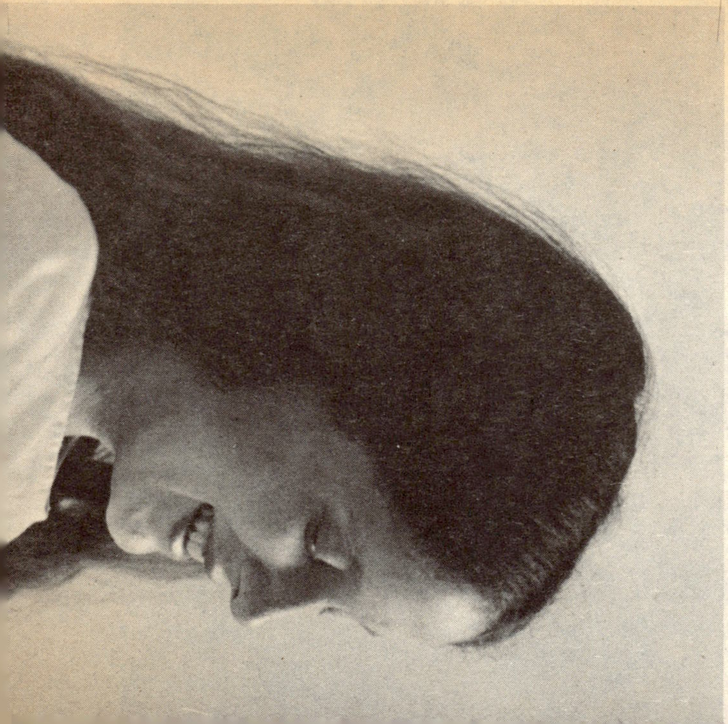

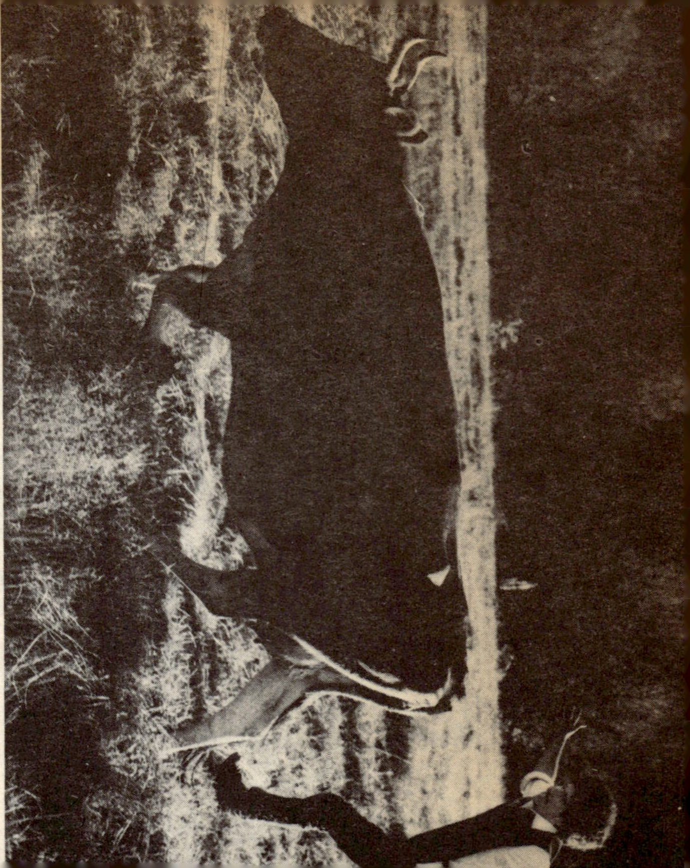

ELLIOT BLINDER

CHRISTOPHER E. GREEN

8. Brennende Räder

»Unterwegs? Ich weiß zum Teufel nicht, wohin wir unterwegs sind, wir sind einfach *unterwegs*, das ist alles!!«

Johnny (Marlon Brando) in *Wilde Engel*

Zweierverbindungen haben keine besonders lange Lebensdauer bei uns in der Gegend.

Das hat zu tun mit der Schwierigkeit, alle Aufmerksamkeit auf nur eine Person zu konzentrieren, wenn eine ganze Familie da ist von Personen, die man liebt und gern hat.

Die immer wiederkehrende *Mann-Frau-Geschichte* innerhalb unseres Stammes ist fast zu dem Punkt gekommen, da es ein voraussehbares Muster für die Trauerspiele in unserer Herberge zum Gebrochenen Herzen gibt. Mr. S und Miss C kommen als ein Paar auf die Farm. Sie teilen denselben Raum, physisch und metaphysisch, bis eines Tages dieser Raum nicht mehr groß genug ist, um sie beide zu halten. Sie sind gewachsen, näher zusammen und doch auch größer geworden als damals, da sie kamen, um auf dem Land zu leben, jetzt ist der Raum überfüllt. Etwas muß weichen. Also gehen Mr. S oder Miss C davon in einem melodramatischen Ausbruch, verlassen die Farm auf der Suche nach mehr Raum, Luft zum Atmen und einem Versteck, sich die Wunden zu lecken. Aber diese Sorte abruptes Abhauen-mitten-in-der-Nacht ist nie von sehr langer Dauer. Ja, jeder, der meines Wissens je eine von unseren Farmen verlassen hat mit einem gebrochenen Herzen,

ist zurückgekehrt auf das Land der Lebenden, um seinen/ihren Frieden zu machen mit sowohl dem Ort wie mit der früheren ›anderen Hälfte‹. Ein hoffnungsvolles Zeichen, so scheint es mir.

Ich flog ab vom Logan Airport in Boston. Es war ein früher Julinachmittag, heiß und schwül. Ray brachte mich bis an die Gangway, und als wir uns voneinander verabschiedeten, gab er mir sein Ogalala Sioux Stirnband. So ist es Sitte in unserem Stamm: wenn ein Bruder fortgeht, dann nimmt er stets ein Symbol mit sich, ein Stück Kleidung oder irgendeinen persönlichen Gegenstand von einem anderen, und das behält er bei sich, bis er wieder vereint ist mit seinen Stammesangehörigen.

»Trag es bei dir, bis wir uns wiedersehen«, rief Ray, als ich ihm zuwinkte und dann das TWA Düsenflugzeug bestieg, das mich nach San Francisco bringen sollte. Ich konnte sehen, daß er für Sekundenbruchteile versucht war, mit mir zu kommen, verdammt nochmal, egal, zur Küste, aber der Augenblick verging, und die große Einstiegstür des Flugzeuges wurde zugeknallt und dann geschlossen.

Ich wartete darauf, daß das ›Bitte nicht rauchen‹-Zeichen erlosch, und sobald das geschehen war, zündete ich mir eine Pall Mall an. Der blaßgraue Rauch stieg langsam aufwärts, und ich ließ mich mit ihm treiben, ließ mich zurückgleiten irgendwohin in meine Vergangenheit.

Auf die Woche genau vor zwei Jahren hatte ich ein Flugzeug nach San Francisco bestiegen, aber war nicht weiter als Kansas gekommen. Ich hatte geplant, von dort per Anhalter in die ›Weiße Stadt‹ (so wird San Francisco von seiner Handelskammer genannt) weiterzufahren, aber soweit kam es nicht. Nun befinde ich mich hoch oben in der Luft, um eine Reise zu Ende zu führen, die ich vor zwei Jahren begonnen hatte.

Ich ging fort von der Farm, weil Cathy und ich uns voneinander zu lösen begannen und ich nicht dabeisein und mitansehen wollte, wie es geschah.

Ein weiterer Grund, warum ich von der Farm fortging, war, daß jeder von uns, als wir beide zusammenkamen, um als eins zu leben, stillschweigend 50 Prozent aufgegeben hatte in der Hoffnung, jenes seltsame Ungetüm zu werden, das man ›Mann und Frau‹ nennt. Cathy und ich überkam es zur selben Zeit: wir gingen jeden Abend zusammen ins Bett mehr *aus reiner Gewohnheit* denn aus irgendeinem anderen Grunde. Wir lebten jetzt fast zwei Jahre zusammen, eins in New York und jetzt nicht ganz ein volles Jahr auf der Farm; es hatte viele Monate gegeben, die sehr high gewesen waren, aber jetzt war es zwischen uns langsam schal geworden. Es war schrecklich, daran zu denken, sich voneinander zu trennen, ich weiß, ich hatte Angst. Man gewöhnt sich an jemanden, er gewöhnt sich an einen, wie soll man sich das Leben vorstellen ohne die nun so gewohnte Schulter, an die man sich lehnen kann? Ich war auf dem Wege in den Westen, um einen bestimmten *Geist* zu finden, mein eigenes Wesen, das ich aufgegeben hatte, als sie und ich zusammenkamen. Man kann keine bestimmten Augenblicke wieder zurückholen, sie sind vergangen; aber man kann das Gefühl der Ganzheit suchen, es ist immer da.

Raymond und ich waren in Frieda, seinem alten VW, nach Boston gefahren, um Leute zu besuchen und ins Kino zu gehen. Als es Zeit wurde, auf die Farmen zurückzufahren, konnte ich es nicht fertigbringen. Ich hatte einfach das Gefühl, ganz weit weg irgendwohin abhauen zu müssen, und da kam mir San Francisco in den Sinn. Ich hatte noch zehn Dollar in der Tasche, als ich dort ankam.

Die einzige Person, die ich in San Francisco kannte, war die liebliche Lady Ellen, die Weise Chinesische Lady (als die sie für alle Zeiten auf den Farmen bekannt sein wird). Ellen hatte den ersten Winter draußen auf der Total Loss Farm gelebt, und als wir miteinander telefonierten, war sie sehr überrascht zu hören, daß ich mich in San Francisco befand. Sie wollte sofort wissen, was mit all den Stammesfreunden war, und ich versprach ihr, so rasch wie möglich zu kommen.

Ich nahm den Mission Nummer 3 Bus zur Army Street, wo sie mit ihrem Hund auf mich wartete. Ellen ist eine wunderschöne, vierundzwanzigjährige Doktorfrau mit kastanienbraunem Haar. Die kalifornische Sonne hatte ihrem Gesicht noch mehr Strahlen verliehen (hast du je versucht, die Farbe jener goldenen Ahornblätter einzufangen?). Wir gingen zu dem Haus, das sie sich mit ihrem Freund teilte, ein zweistöckiges hölzernes Gebäude auf Stelzen, die sorgfältig in einen steilen Hügelabhang gesetzt waren, umgeben von anderen Häusern auf Stelzen. Drei große Eukalyptusbäume warfen ihre Schatten auf das Haus und die Veranda.

Auf dem Fußweg durch San Francisco, die Sonne brannte wie ein erbarmungsloses Spotlight, begann ich die lange Geschichte der vergangenen Monate auf den Farmen zu erzählen. Ellen hörte zu, lachte, war besorgt um einen jeden: während wir gingen, die Straßen mit den romanischen Namen überquerten und die kurzen Hügelstücke hinaufkeuchten, begann mich ein seltsames déjà vu Gefühl zu überkommen. Nicht irgendwelche besonderen Einzelheiten, sondern die Atmosphäre; nicht die Straßenschilder, die Geschäfte oder die Gesichter der Leute, an die hatte ich keine Erinnerung. Aber etwas an dem Ort ließ mich wissen, daß ich schon früher einmal hiergewesen sein mußte. Ich entschied mich, daß es mit Panama zu tun haben mußte, dem Land, wo ich aufwuchs, denn San Francisco hat eine deutlich lateinamerikanische Atmosphäre.

Auf unserem Weg zu ihrem Haus durchquerten Ellen und ich einen kleinen Park, Precita Park, und wir hielten dort ein paar Minuten an, um den Hund pissen zu lassen und ein paar Jungen zuzusehen, die Schlagball spielten. Der Park war rechteckig geschnitten und umringt von sehr niedrigen, stämmigen Bäumen, Bäumen, die horizontal zu wachsen schienen (wie sie es in Zentralamerika tun) anstatt vertikal (wie in Neu-England). Ich *hatte* diese Bäume schon einmal gesehen, jetzt kam es mir wieder in den Sinn: Ich war erst vor zwei Wochen in diesem Park gewesen, aber damals war es im Traum. (Ich schlief in der Scheune und träumte, ich hätte mir John Andersons Lastwagen geliehen, den Grunt. Im Traum fuhr ich den Laster ziemlich zu Mus, und zwar in der Nähe eines Parks, ja, und dieser Park schien in einem lateinamerikanischen Land zu liegen, das ich für Panama hielt. Noch im Traum kehrte ich auf die Farm zurück und fand niemanden vor, also ging ich schlafen. Dann kam Cathy und weckte mich zum Abendessen. Das erste, was ich sie beim Aufwachen fragte, war: »Weiß John schon, was mit dem Laster geschehen ist?« Sie sah mich verwirrt an. »Der Laster parkt doch draußen, beim Holzschuppen.« Ich hatte alles geträumt.) Jetzt, zwei Wochen später, befinde ich mich an genau der Stelle und sehe zu, wie ein paar Jungen Schlagball spielen und warte darauf, daß Ellens Hund fertig gepißt hat.

Wir saßen im Vorderzimmer ihres Hauses und sahen die Sonne untergehen am Zipfel von Hunter's Point, einem schwarzen Getto und Industriegebiet in einem. Wir tranken billigen Wein und rauchten Joints mit Berkeley Brown und redeten Stunden bis in die Nacht und den nächsten Morgen hinein. Ich hatte jetzt schon Heimweh nach der Farm, nach der Familie, nach Miss Cathy, aber das Gespräch mit Ellen über all die Dinge, die geschehen waren, seit wir aufs Land kamen, half mir, mich mit der Tatsache abzufinden, daß mein Körper sich in San Francisco befand.

Ellen und ich verließen das Haus die ersten vier Tage überhaupt nicht. Es erschien uns beiden so, als seien wir auf einem Meskalintrip, obwohl wir *nichts* genommen hatten: all dieselben Höhen und Tiefen, die hektischen Augenblicke, das magische Zusammenkommen bestimmter Momente, ein seltsames und wundervolles Vereinigen von Körper und Geist unter den wachsamen Augen der Eukalyptusbäume.

»Laß' uns runter zum Drugstore gehen, ich will mir ein kleines Notizbuch kaufen, um ein paar Sachen aufzuschreiben«, sagte ich ihr spät am fünften Tag unserer intensiven Gemeinschaftsreise. Obwohl ich kein Geld mehr hatte, wollte ich wirklich einige der erstaunlichen Dinge aufzeichnen, die mir, uns beiden geschehen waren. Ich hatte vor, in dem Geschäft einfach einen Notizblock zu klauen, obwohl mir solche Sachen nie gelegen haben. (Mit sechs Jahren wurde ich beim Diebstahl einer Rolle Drops erwischt und kann mich noch haargenau an den Horror erinnern, den ich empfand, als der vierschrötige panamanesische Geschäftsinhaber mich am Schlafittchen hatte und wieder und wieder, so laut er irgend konnte, ausrief: »Seht alle her, so sieht ein Dieb aus!«) Der Drugstore war sehr voll, und ich fand, es wäre nicht die Paranoia wert, obwohl ich wirklich das Notizbuch gern gehabt hätte. Wir verließen den Laden, mit leeren Händen, und gingen wieder durch den Park zum Haus.

Auf dem rissigen Zementgehsteig bemerkte ich einen Block Papier, der umgedreht auf einem Haufen Unrat, Klamotten, Schuhe, alter Bücher lag. Ich nahm ihn hoch und riß die ersten paar Seiten ab, die mit Dreck verklebt waren; der Rest des

Blocks war sauber und zu gebrauchen. Es war der Notizkalender eines Arztes, und oben auf jeder der gut zweihundert Seiten stand in kräftigen schwarzen Lettern STEPHEN DIAMOND, M. D., mein Name, haargenau so buchstabiert. Ellen und ich waren beide irgendwie verblüfft, hatte doch fünf Minuten vorher der große Notizbuchraub nicht geklappt. Ich nahm es als ein Zeichen, einen Wegweiser, der anzuzeigen schien, daß ich auf der richtigen Fährte war bei meiner Suche nach dem Wesen meines früheren Selbst, dem Geist des Ganzen.

Die Notizen auf dem Block würden euch nicht sonderlich verständlich sein.

Die ersten sieben oder acht Tage, die wir gemeinsam verbrachten, jene Minuten und Stunden, die auf keiner normalen Uhr existierten, jene Tage sind in keinem Kalender. Es war, als sei die Zeit stehengeblieben, als habe der chronologische Ablauf innegehalten, Vergangenheit, Gegenwart und Zukunft schienen sich an den Händen zu nehmen und ein eigenartiges Vakuum zu schaffen: und es war in diesem Vakuum, daß wir all die erstaunlichen Dinge erfuhren.

Ellen und ihr Mann, der sich in New York befand, als ich ankam und in ihrem Haus wohnen wollte, hatten eine lange Zeit der Infragestellung ihres gemeinsamen Lebens hinter sich, ähnlich jener, zu der Cathy und ich gerade gekommen waren, bevor ich so abrupt die Farm verließ. Daß sie mit demselben Problem fertigzuwerden rang (*der unmöglichen Balance zwischen permanenter Veränderung und dem permanenten Versuch der/dieselbe zu bleiben*), verstärkte noch die Intensität unserer gemeinsamen Tage. Auf vielen verschiedenen Ebenen gleichzeitig gab es Berührungspunkte.

Ich hatte mich schon in der Vergangenheit von Ellen angezogen gefühlt, als sie mit Ray zusammenlebte und ich mit Cathy, aber damals waren es nur diese schicksalschwangeren Blicke gewesen, der angenehme Schock, wenn sich die Blicke zweier potentieller Liebender treffen in einem Raum voller fröhlicher Menschen, Hunde, Holzrauch und Musik zum Fingerschnippen. Jetzt, in der Gegenwart, in San Francisco, verwandelten wir jene Andeutungen in die reale Wärme zweier Körper, die sich berühren. Die Vergangenheit holte die Gegenwart ein. Ich fragte Ellen, ob sie es auch fühlte, dieses verzerrte Zusammentreffen zweier Zeitzonen, und sie nickte, das Weise-Chinesische-Lady-Lächeln breitete sich langsam über ihr olivfarbenes Gesicht. Und was die Zukunft anging, wer wüßte es? wer weiß? wann werden wir uns wieder auf diese Weise zusammenfinden?

(Es war der berüchtigte Montague-Spiegeltrick, und diesmal geschah er mir. Der Spiegeltrick setzt dann ein, wenn man mit einem anderen Menschen auf einer derart hohen und intensiven Stufe kommuniziert, daß das Gesicht zu einem menschlichen Spiegel wird: die andere Person sieht dann nur sich selbst in der Reflektion und ist gezwungen, so geradeheraus und wahrhaftig wie möglich zu sprechen. Ellen und ich taten es zueinander, Spiegel zu Spiegel. Ich konnte fühlen, wie ich ihrem Mann (in New York) zu ähneln begann, und sie wurde langsam zu Cathy und all dem Zeug, das ich sowohl liebte wie fürchtete, dem Zeug, dem zu entkommen ich durch meine Flucht erhofft hatte, der Besitzgier, der Eifersucht. Wir wurden zu vier Menschen anstelle von zweien, vier Punkte auf dem Perimeter eines Kreises, dessen Linie sich selbst jagte, herum und herum.)

Kalifornien, ›Land des unausweichlichen Herzeleids‹, wie Verandah es nennt, und sie hat recht: mein Herz litt um die Farm, um Cathy, um jenes Leben, aber ich konnte fühlen, wie es mir entglitt. Wenn man auf einer der Farmen ist, wird es unvorstellbar, auch irgendwo anders leben zu können. Aber glaubt mir, man kann es. Ich begann Zeit mit geographischer Entfernung gleichzusetzen, da es offensichtlich wurde, wie jeder Tag, den ich entfernt von der Farm verbrachte, weitere paar Meilen die Straße hinunter führte, weiter und weiter weg von dem LEBEN. Von Tag zu Tag geriet ich mehr in die San Francisco Szene, und ich begann zu sehen, wie leicht ich hier am Frisco Bay eine ganze Weile verbringen könnte.

Ellens Mann kehrte zurück, und ich zog aus, da es ein bißchen heikel wurde mit uns dreien unter einem Dach. Die einzige Art Arbeit, von der ich etwas verstand, waren Zeitungen, und ich bekam Kontakt zu einer Gruppe Medienfreaks, die eine neue Zeitung starten wollte (genau das, was San Francisco brauchte, *noch eine* Untergrund-Zeitung). Es waren alles hochbegabte Typen – Todd Gitlin, Margie Heins, Kathy Mulherin, Larry Bensky (um ein paar Namen zu erwähnen) – aber die Zeitung erwies sich als ziemlich mittelmäßig. Die Energie, die schöpferische Phantasie und die Zeit für eine solche Sache waren vorüber, obwohl niemand es zugeben mochte. Trotzdem, es war etwas zu tun, die Zeit zu vertreiben, und ich stürzte mich in die Arbeit, um die Stunden meines selbst auferlegten Exils zu markieren. Bensky (ein Freund von Marshall, den ich aber nie getroffen hatte, bevor ich nach S. F. ging) ahnte meinen kaputten Zustand, die Übellaunigkeit, hervorgerufen durch den Kulturschock (von der Farm in die Metropole), und er half mir sehr, verschaffte mir in dem Apartment eines Freundes einen Platz zum Schlafen und Wohnen. Während ich das hier schreibe, eineinhalb Jahre später, renovieren er und seine Lady ein altes Farmhaus eben jenseits der Grenze nach Vermont, und sie hoffen, es zum Winter soweit zu haben.

Nach einem Monat oder so schrieb Cathy, um mir zu sagen, daß sie mich sehr vermißte und daß sie und Laz jetzt zusammenlebten. Ich hatte erwartet, daß das geschehen würde, denn sie hatten sich schon früher auf platonische Weise geliebt und waren jetzt frei, zusammenzukommen. Ich kenne die Einzelheiten nicht, aber das ist ihre Geschichte, und ich versuche, meine zu erzählen.

Zwei ganze Monate waren vergangen, seit ich mein Leben verlassen hatte und meine Familie auf der Montague Farm. Briefe von zu Hause waren selten. Ich wußte, wie es auf der anderen Seite war, dort zu sein und sich zu fragen, was mit jenen geschah, die die Farm verlassen hatten, um Abenteuer zu erleben usw. Als ich zu Hause war, verfaßte ich lange Briefe an Mad John und Wonderboy in Marokko, aber kam nie soweit, sie abzuschicken. Dasselbe passierte, als Marshall zu seiner Reise an die Westküste aufgebrochen war. Wenn man die Farm verließ, existierte man zeitweilig nicht mehr in den Phantasien und Einfällen der anderen. Jeder dachte an einen, man wurde in Gesprächen über aufregende vergangene Ereignisse erwähnt, aber für alle Vorhaben und Pläne ist man einfach nicht da. Und jetzt befand ich mich auf der anderen Seite des Kontinents, lebte mit völlig anderen Leuten in einer sehr unterschiedlichen Umgebung. Ich sehnte mich danach, Cathy zu sehen, wenigstens für einen Abend. Ich hatte einen immer wiederkehrenden Traum: in diesem Traum kehrte ich zurück auf die Farm, kam dort an, von niemandem erwartet. Das Haus hatte sich verändert, in jedem der vier Träume erschien mir die Farm als ein modernisiertes, elektrisch beheiztes Ranchhaus mit Couchtisch im Wohnzimmer (ein Alptraum!), aber es lebten dieselben Leute dort, wie ich sie verlassen hatte.

Im Traum ging ich hinauf in Cathys Zimmer, das Zimmer, das wir geteilt hatten, und ich fand sie schlafend. Ich weckte sie, wir sprachen miteinander, aber nichts hatte sich zwischen uns geändert, die Stagnation in unserer Beziehung war noch immer da, kein Funke sprang über, keine Berührungspunkte. Dann, noch immer im Traum, tat es mir leid und bekümmerte mich, daß ich zurückgekehrt war auf die Farm, ich wünschte, ich wäre in San Francisco geblieben, wünschte, ich könnte mich wieder auf den Weg machen und das Abenteuer fortführen, aber dazu war ich nicht in der Lage, denn ich hatte den Teil meiner Fahrkarte verloren, der für die Rückreise galt. Dann wachte ich auf, schweißgebadet und nicht sicher, ob ich im Westen war oder auf der Farm, in Kalifornien oder Massachusetts? Nach ein paar Augenblicken, während der ich die Umgebung im dunklen Zimmer checkte (der ganznächtige Lärm des North Beach Verkehrs und die taumelnden Betrunkenen draußen vor meinem Fenster auf der Kearny Street), wurde mir klar, daß mein Körper sich noch immer in San Francisco befand, der Ausflug dauerte noch an, und ich sank zurück auf die Matratze mit einem Seufzer der Erleichterung.

Ich sehnte mich nach dem Farmabenteuer (brachten sie Holz ein? ernteten sie das Getreide? wie hatte sich der Garten entwickelt?), so verschieden von der Stadt-orientierten Erfahrung, in die ich jetzt wieder verwickelt war, aber ich war dennoch nicht ganz bereit für eine Rückkehr. Es gab noch immer viele Anhaltspunkte und Spuren meines Selbsts, die ich auf diesem Trip nicht aufgetan hatte, die Zeit war noch nicht reif für mich, zurückzukehren auf die Farm (würde sie es je werden?). Cathy schickte mir eine kurze Nachricht: »Meine Großmutter sagt immer: ›Du gehst dorthin, wohin dich das Leben führt!‹« Ich schrieb ihr zur Antwort, daß meine Großmutter immer sagt: »Wohin auch immer du gehst, vergiß nicht, dich selbst mitzunehmen.«

Ich verschlief fast den ganzen Nachmittag, da ich die Nacht zuvor aufgeblieben war, um *Dock of the Bay* (unsere Untergrund-Zeitung) für die Druckerei fertigzumachen. Ich wachte um vier herum auf, setzte einen Kaffee auf, stellte das Radio an und rollte mir einen fetten Joint. Ich wohnte bei David Goldstein, dem Fotografen des *Dock,* und seiner Frau Deborah. Goldstein, ein dünner, drahtiger Bursche mit dem semitischen dunklen guten Aussehen und dickem pechschwarzem Haar, war ein unverbesserlicher Freak, und wir kamen gut miteinander aus. Als der Kaffee fertig war, kam Deborah von der Arbeit nach Hause und begann mir von ihrem Tagesverlauf zu erzählen, von den Besuchen bei ihren ›Kunden‹, den Alkoholikern des Missionsdistriktes. Ich hörte ihr geistesabwesend zu. Ein bißchen später öffnete sich die Hintertür des Apartments und Larry Bensky kam herein, ein breites Lächeln im Gesicht. Hinter ihm kam seine Lady, ein sehr schönes ungarisches Mädchen namens Marti, und nach ihr (konnte es sein?) kam Cathy, ebendieselbe, und sie schleppte einen großen grauen Koffer. Ich konnte es nicht glauben, war sie es wirklich?

»Hallo, ich bin zu Besuch gekommen«, sagte sie, lächelnd, aber ein bißchen unsicher, was meine Reaktion auf ihre überraschende Ankunft betraf. Wir umarmten uns da in dem kleinen Wohnzimmer; David, Deborah, Larry und seine Lady standen alle dabei, irgendwie verlegen, lächelnd, aber ein bißchen spöttisch. Ich nahm Cathy mit in das Zimmer, das ich vorne im Apartment bewohnte, und wir setzten uns aufs Bett. Ich konnte es noch immer nicht glauben, daß sie wirklich da war.

»Nun, ich war auf diesem irre langen LSD-Trip mit Verandah und Richard oben in ihrem Pfirsich-Garten. Die Pfirsiche sind alle fast reif, und nach einer langen Weile fragte ich Verandah: ›Wo ist von hier aus Westen?‹ Sie wies mir die richtige Richtung, und Raymond fuhr mich zum Flugplatz in New Hampshire. Ich sagte dem Mann, ich müßte nach San Francisco, nun, da bin ich.« Noch nichtmal vierundzwanzig Stunden waren vergangen, im einen Augenblick auf einem Trip im Pfirsich- Garten, im nächsten schon im Flugzeug. »Es ist etwas Gemüse im Koffer und Pfirsiche auch«, sagte sie lachend. »Verandah und ich haben sie für die Reise eingepackt.«
Bevor wir uns liebten, fragte Cathy: »Wolltest du, daß ich nach San Francisco komme?« Wie konnte ich ihr antworten, wie konnte ich ihr sagen, daß ich davon geträumt hatte, sie zu sehen, mit ihr in eben diesem Bett zu liegen.
Sie schlief fest ein, der Trip war unheimlich anstrengend gewesen. In der Dunkelheit betrachtete ich ihr Gesicht, die langen dunkelbraunen Haare lagen ihr jetzt wie ein dicker Schal über den Schultern.

Im Wohnzimmer sahen sich David und Deborah die Spätnachrichten in der Glotze an. Ich rauchte etwas Haschisch mit ihnen, aber ich glaube, viele Worte wechselten wir nicht. Es klopfte an der Tür, und ich ging sie aufmachen.
»Wer ist da?« fragte ich, wie man es in jenen Tagen in der Bewegung vorsichtshalber immer erst tat.
»Polizei«, hörte ich eine Stimme auf der anderen Seite des Holzes antworten.
Meine erste Reaktion war, es könnte ein Freund von uns, einer von *Dock* sein, der sich einen Scherz erlaubte. Ich fragte ein zweites Mal, aber die Antwort blieb dieselbe.

»Einen Augenblick bitte«, antwortete ich und ging zurück ins Wohnzimmer.
»Versteck lieber den Stoff, David, da ist jemand draußen, der sagt, er kommt von der Polizei«, und Goldstein hechtete los. Er wickelte das Hasch in Silberfolie und vergrub das kleine Bällchen in einem Glas Hellmans Mayonnaise im Eisschrank.
»Schieben Sie Ihren Haussuchungsbefehl unter der Tür durch«, sagte ich, und der Beamte antwortete: »Es handelt sich um keine Durchsuchung, ich möchte nur mit Ihnen reden.«
Noch immer unsicher, öffnete ich einen Spalt. Ein alter Bulle in Uniform stand da.
»Ja?«
»Können Sie mir bitte sagen, wer heute zu Hause war, heute nachmittag?«
Ich fragte ihn, worum es denn ginge, als er meinen Namen aufschrieb und die Nummer des Apartments.
»Das Mädchen in der Wohnung über Ihnen ist erschossen worden. Wir sind nicht sicher, ob es sich um Mord oder Selbstmord handelt, und deswegen sprechen wir mit allen Leuten, die sich im Gebäude aufgehalten haben, als es passiert sein muß.« Hinter ihm konnte ich einen Krankenwagen sehen, das rote Licht blitzte, und ein Polizeiwagen daneben. Er sagte mir, wenn nötig, würde man sich mit mir in Verbindung setzen.
Ich hatte das Mädchen von oben nicht gekannt, obwohl ich sie ein- oder zweimal gesehen hatte, wie sie das Haus verließ. David und Deborah kannten sie auch nur oberflächlich. Sie war ziemlich gutbürgerlich gewesen, hatte in einer Lederboutique gearbeitet und mit dem Typen zusammengelebt, dem der Laden gehörte. Er war auf einer Reise in New York, um dort einzukaufen, und als er an jenem Tag zurückkehrte, fand er sie im Bett, eine Kugel in der Schläfe. An jenem Abend

hörten wir noch, daß es Selbstmord gewesen war, aber die näheren Einzelheiten erfuhren wir erst ein paar Tage später. Das Mädchen, dessen Namen ich nie herausfand, starb an jenem Tag in ihrem Schlafzimmer, dem Zimmer direkt über unserem, wo ich jetzt mit Cathy lag, die selig schlief.

Am nächsten Tag entschieden Cathy und ich, das Apartment sei zu viert zu klein (es war schon ziemlich eng gewesen, als ich nur mit David und Deborah dort wohnte), und deswegen zogen wir um in Benskys halbleere Wohnung in der Noe Street.

Es war ein komisches Gefühl, sie an jenem Tag bei mir in San Francisco zu haben. Ich fing an, mich wieder an das Leben allein zu gewöhnen, und hatte mit einer Menge albernem Zeug zu tun (der Zeitung und der Szene ganz allgemein), das sie nicht nur nicht interessierte, sondern das auch der Welt, die sie gerade verlassen hatte, der Farm, ihrer Kuh Dolly und ihrem Liebhaber Lazarus, unglaublich fremd war.

Wir gingen in North Beach herum und suchten die Free Clinic; ich weiß nicht, wie es anfing, aber jedenfalls hatten wir uns aufgemacht, für Cathy ein Pessar zu besorgen, da sie ihres nicht mitgebracht hatte.

Es gab ein unbewußtes, zumindest unausgesprochenes Dilemma zwischen uns: Sie war nach Kalifornien gekommen, um herauszufinden, ob wir weiter zusammenleben konnten oder sollten, aber da war auch die Vorstellung, möglicherweise von mir schwanger zu werden. Wohlgemerkt, in den sechsunddreißig Stunden, die wir jetzt zusammengewesen waren, hatten wir nichts besprechen können, was zwischen uns war, obwohl es über unseren Köpfen wie eine dicke Wolke hing. Ich konnte mir nicht vorstellen, daß sie schwanger würde, denn ich wußte wirklich nicht, was ich als nächstes machen wollte, und zu dem

Zeitpunkt schien es mir, als würden wir beide nicht damit zurechtkommen. Ohne richtig darüber zu reden, verbrachten wir also den ganzen nächsten Tag auf der Wanderschaft von Doktor zu Drugstore, bis wir gefunden hatten, was wir brauchten.

Am nächsten Morgen erwachte Cathy etwas verschreckt in der ungewohnten Umgebung des Noe Street Apartments. Sie weckte mich und wollte genau wissen, was ich an diesem Tag zu tun hätte, Einzelheiten; die Behaglichkeit und angenehme Gleichförmigkeit ihres Lebens auf der Farm war so gestört, dadurch, daß sie sich plötzlich in San Francisco wiederfand, daß sie jetzt verzweifelt nach dem kleinsten Anzeichen einer gewissen Ordnung in meinem Leben suchte, an dem sie sich orientieren und den Verlauf des Tages einrichten konnte. Aber ich konnte ihr nichts dergleichen bieten. Oh, ich schätzte, ich würde runter zum Büro des *Dock* fahren, oder auch bei Goldstein vorbeischauen, um mir ein paar Abzüge anzusehen, die er am Abend davor gemacht hatte, aber ich hatte keinen Plan, keine feste Tageseinteilung.

Wir zogen uns an, denn nach diesem nervenden Erwachen gab es keine Möglichkeit mehr, wieder einzuschlafen. Wir verließen die Wohnung, um in dem Lokal an der Market Street einen Kaffee zu trinken. Als Cathy und ich an jenem Morgen um die Ecke gingen, rannten wir direkt in Lazarus hinein, der uns in seinem blauen Mantel und Bellbottom Jeans entgegenkam. Er trug eine Strohtasche in der einen Hand, eine Tasche, die Cathy in Montague gepackt hatte, aber dann nicht mitgenommen hatte, weil sie in jener Acid-Nacht direkt von der Farm in Vermont losgefahren war.

»Ich wollte dir nur deine Tasche bringen«, sagte Laz, als die zwei sich umarmten. Cathy fing an zu lachen (oder zu weinen?), und wir drei gingen dann einen Block weiter zu dem kleinen Lokal. Der Kaffee schmeckte schauderhaft.

Noe Street ist eine ruhige Wohnstraße, an beiden Seiten gesäumt von dem, was New Yorker ›Braunsteine‹ nennen würden, wenn auch dise Gebäude weder braun noch aus Stein sind.
In der dritten Etage, der obersten, gibt es ein Erkerfenster: vor dem Fenster steht ein runder kleiner Tisch mit zwei Stühlen. Cathy sitzt auf dem linken, Laz auf dem rechten. Sie sprechen sanft miteinander, ertasten die Grenzen ihrer Liebe; ich kauere auf dem Bett, ein, zwei Schritte entfernt und betrachte die beiden, vom Fenster eingerahmt. Cathy fragt ihn nach Dolly, obwohl sie doch erst anderthalb Tage fort ist. Sie lachen, zuerst zögernd, dann fröhlich über einen intimen Scherz, der die Kuh betrifft. Ich habe noch immer nichts gesagt, denn ich weiß nicht, was ich reden soll. Auf der einen Seite möchte ich, daß sie bei mir bleibt, andererseits ist mir bewußt, daß es unmöglich ist für sie, hier in San Francisco gibt es nichts für sie, kein Raum für sie auf diesem Trip, den ich jetzt begonnen habe: das Beste für sie wäre, wenn sie mit Laz zurückgehen würde auf die Farm.
Nach ein paar schweigenden Augenblicken, Lichtstreifen der Sonne dringen jetzt durch das Fenster, stehen sie beide gleichzeitig auf: Cathy sieht mich an.
»Ich muß zurückgehen auf die Farm, Steve«, sagt sie, ihre Stimme ist leise, aber entschlossen.
Es ist wahr. Sie muß gehen. Ich kann mir nicht vorstellen, daß sie bleibt, also nicke ich nur meine Zustimmung. Sie umarmt mich, wir küssen uns, und dann gehen Laz und sie aus der Tür. Laz sieht mich lange an und sagt auf Wiedersehen. Ich lege mich zurück aufs Bett, horche auf ihre Schritte, die verklingen, als sie im Parterre ankommen. Sie sind fort.

Sie wird die ›Weiße Stadt‹ genannt, weil es nirgends Schatten gibt in diesem San Francisco. An Sonnabenden ist die Innenstadt verlassen: die Einwohner fliehen in die Berge oder an die Küste, und um die Mittagszeit sind keine Büroangestellten auf den Straßen.
Sie kam zurück in das Apartment, an jenem Sonnabendmorgen, nachdem sie gegangen waren. Ich lag noch auf dem Bett, die Augen geschlossen, als ich Schritte hörte, diesmal die Treppen heraufsteigend.
»Du bist zurückgekommen?« fragte ich, überrascht, als Cathy den Raum betrat, diesmal wieder allein.
»Ja, ich bin gekommen, um dir zu sagen, daß ich dich sehr liebe. Ich muß zurückgehen auf die Farm, denn dort ist mein Leben. Aber ich werde dortsein, wenn du soweit bist, daß du zurückkehrst«, sagte sie und lächelte jetzt. Wir umarmten uns nochmals, und dann ging sie fort.
Ich saß fast den ganzen Tag am Fenster und rauchte eine Packung Zigaretten auf.

Irgendwann am Nachmittag tauchten Bensky und Goldstein auf.
»Du siehst reichlich niedergeschlagen aus, kaputt«, sagt David, immer zur Hand mit einer scharfsinnigen Analyse der jeweiligen Situation.
Die beiden waren auf dem Weg zu einer Party im Studio irgendeines Filmemachers, und ich ließ mich von ihnen mitschleifen. Nach mehreren Zwischenstationen kamen wir im Studio an.
Der Filmmann ist ein freundlicher Bursche, er macht einen Film über das Ende der Welt oder sowas Ähnliches. Am Ende der langen Couch sitzt seine Lady, ein schönes Mädchen aus

England, sie hat eine auffallende Ähnlichkeit mit Cathy, der Frau, die mich soeben verlassen hat, der Frau, die ich soeben verlassen habe. Es sind noch mehr Leute in dem Raum, Musik spielt, Joints werden von Hand zu Hand gereicht. Ich bin wirklich erstaunt über die Ähnlichkeit der beiden Frauen (vielleicht ist diese Lady auch ein Skorpion?), aber ich glaube, ich habe kein Wort mit ihnen gewechselt, weder mit der Frau auf der Couch, noch mit ihrem Mann, dem Filmregisseur.

Ein bißchen später am Abend kam ein kleines Kind, das offensichtlich oben irgendwo geschlafen hatte, hinunter in das Wohnzimmer. Der Junge war vielleicht neun oder zehn Jahre alt und hatte langes blondes Haar, das ihm bis auf die Schultern fiel. Er ging hinüber zu seiner Mutter, dem englischen Mädchen auf der Couch, und setzte sich neben sie. Der Junge sah Laz erstaunlich ähnlich.

Also das war die plötzliche Eingebung: Cathy und Laz würden zurückgehen auf die Farm, und sie würden ein Kind zusammen haben. Es war, als sei mir die Gunst zuteil geworden, in die Zukunft blicken zu können, wenigstens war es eine der vielen möglichen Wendungen, die die *Mann-Frau-Geschichte* nehmen konnte. Ich war überrascht, wie ruhig ich blieb, als ob mir die Aussicht auf das, was die Zukunft bringen sollte, nichts ausmachte.

Wir fuhren zurück zur Kearny Street, und Deborah sagte mir, sie habe erfahren, warum das Mädchen in der Wohnung über ihnen sich das Leben genommen hatte.

»Sie war schon einmal verheiratet gewesen, hatte zwei Kinder. Aber die Kinder lebten in Fort Worth bei ihrem geschiedenen Mann. Jack, der Typ, dem die Lederboutique gehört, ihr Freund, erzählte mir, daß sie gerade aus Texas zurückgekommen war. Sie hatte versucht, das Sorgerecht für die Kinder zu bekommen, aber ihr früherer Mann weigerte sich und sagte vor

Gericht aus, sie sei jetzt ein rauschgiftsüchtiger Hippie-Freak, und deswegen verlor sie den Prozeß. So ähnlich jedenfalls. Und dann kam sie zurück nach San Francisco und nahm sich das Leben. Wegen der Kinder, das ist wirklich irre, nicht?«

Nachdem Cathy und Laz an jenem Sonnabendmorgen auf die Farm zurückgeflogen waren, blieb ich nur noch ein paar Wochen in Kalifornien. Ich war beinahe wieder bereit, in den Osten zurückzukehren, aufs Farmland, aber ich war immer noch nicht ganz sicher, ob das Spiel schon gelaufen war, ich war neugierig, ob nicht vielleicht noch andere Karten aufgedeckt würden.

Die Kraft der ›vibrations‹, die mich zur Farm zogen, wurde von Tag zu Tag stärker. Die Welt von San Francisco hatte eine Menge zu bieten, aber ich spürte nichts von der Magie, die auf den Farmen, bei den Leuten dort, allgegenwärtig war. San Francisco war schließlich auch nur eine Stadt, vielleicht die beste von allen, aber was bedeutet das schon.

Noch ein Letztes: ein paar Tage, bevor ich abhaute, war ich zufällig in Martis Haus, hörte etwas Musik und rauchte. Sie hatte einen Block mit Zeichnungen, Skizzen, die sie gemacht hatte, und ich blätterte darin herum. Sie waren, was man drogeninspirierte Zeichnungen nennen könnte, und eine von ihnen haute mich absolut um. Es war eine genaue Darstellung meines ersten Meskalintrips, jener Unterbrechung und Titelgeschichte dieses Buches. Eine farbige Darstellung eines hohen Baumstammes, bevölkert von einer Vielzahl menschlicher Gesichter. Wenn ich versucht hätte, jene Erfahrung von damals visuell umzusetzen, dann hätte ich eben diese Zeichnung gemacht. Das brachte mich wirklich außer Fassung, eine weitere greifbare Spur, die mich zurückleitete auf die Farm, zu meinen verschiedenen Leben, zu mir selbst – da war sie in einem Skizzenblock, Produkt des Unbewußten einer anderen Person, dreitausend Meilen entfernt. Ich fragte sie, ob ich die Zeichnung haben könne, und sie war mehr als erfreut, sie mir geben zu dürfen. Sorgfältig fügte ich die Zeichnung meiner jetzt vergrößerten Sammlung persönlicher Ikone bei und reiste ab auf die Farm.

Ich kam Mitte September wieder in Montague an. Der Garten war übervoll von Gemüse, der Mais (den zu pflanzen ich mitgeholfen hatte) war jetzt über zwei Meter hoch. Es war unglaublich. Viel war eingemacht oder eingefroren worden, Holz wurde aufgeschichtet zum Zersägen und Hacken, Marshall war allein auf dem oberen Feld, sammelte seine Gurken.

Alle waren echt überrascht, mich zu sehen, wenn sie auch damit gerechnet hatten, daß ich bald zurückkommen würde. Johnny Maslow, der Anfang des Sommers auf die Montague Farm gekommen war, wollte wieder zurück ans Marlboro College gehen, John Wilton hatte gerade die erste Ausgabe unseres Familienblatts, *The Green Montain Post,* druckfertig gemacht; John und Susan arbeiteten im Old Gardner Haus, legten einen neuen Fußboden und versuchten, es wetterfest zu machen, bevor der Herbst zu Ende ging. Ich ging durch das Haus, versuchte, die ›vibrations‹ zu empfangen, hoffte, ein Gefühl dafür zu bekommen, wie der Sommer auf der Farm gewesen war.

Cathy und Lazarus kamen an jenem Abend heim aus Bennington, wo sie Vetter Jesse besucht hatten. Es war alles sehr gespannt, ich brauche es nicht zu erwähnen. Am nächsten Tag verließ Lazarus die Farm, wollte nach Oregon trampen, wie er murmelte, aber hatte kein bestimmtes Ziel, nur fort, das wollte er. Cathy und ich waren ein paar Tage zusammen.

Zuerst versuchten wir uns vorzumachen, die Zeit habe sich zurückgedreht zu einem Punkt in der Vergangenheit, als wir zusammenlebten und alles ganz natürlich schien. Aber es war unmöglich, sich so zu verstellen. Zuviel war geschehen, zuviel hatte sich verändert, und es ließ sich nicht verleugnen. Ich konnte sehen, daß sie in einem großen Dilemma steckte: hätte sie bei Laz bleiben sollen (der jetzt unerreichbar war, quer durchs Land reiste mit einem Beutel auf dem Rücken und einem gebrochenen Herzen)? Gab es irgendeine dritte Lösung, irgendeine Möglichkeit, wie wir alle auf der Farm leben konnten ohne die unglaublichen Komplikationen, die allen Liebenden auf der ganzen Welt gemeinsam sind? Würde Zeit sein, diese Probleme zu lösen?

Wir wußten beide, daß es keine Möglichkeit gab, die Uhr zurückzudrehen. Ein starkes Gefühl war noch immer da, zwischen uns beiden, und ich denke, das wird immer so bleiben. Aber es wäre dumm von uns, wollten wir zusammenbleiben, erinnere ich mich, ihr gesagt zu haben, während sie sich immerzu fragte, was geschehen wäre, wenn sie bei ihm geblieben wäre. Sie sollte lieber jenem Weg folgen und sehen, wohin er sie führen würde. Ich sagte Cathy, sie möge Laz bitten, nach Hause zu kommen, wenn er anrufen würde (wir hatten inzwischen ein Telefon, und er hatte versprochen, in ein paar Tagen anzurufen). Sie schien überglücklich, als hätte ich für sie das Problem gelöst.

Ich blieb ein paar Tage auf der Farm, bis Laz zurückkam, aber es war sehr schwer für mich, mit irgend jemandem in Kontakt zu kommen. Die kollektive Energie war sehr verteilt, unkonzentriert, wozu sie im Sommer neigt. Niemand schien zu wissen, welche Wendung unsere Rührgeschichte nehmen würde: würden Romeo und Julia wieder vereint werden? Aber welcher Romeo würde es sein? Als Lazarus zurückkam, machte ich mich auf den Weg nach Boston, um dort zu arbeiten, damit ich die Hypotheken mit abzahlen und meine Schulden begleichen (das Flugticket nach Kalifornien, usw.) konnte. Ich wußte nun, daß ich auf der Farm leben *konnte*, auch wenn die beiden zusammen dablieben, aber ich war trotzdem noch nicht ganz bereit dazu und zu all den Egoveränderungen, die es mit sich bringen würde.

Ich verbrachte sechs Wochen in Cambridge mit ähnlicher Arbeit wie der, die ich in San Francisco getan hatte, nur daß ich jetzt dafür bezahlt wurde. Mit dem Geld konnte ich einige Schulden abtragen und einen Teil der monatlichen Hypotheken bezahlen. Cathy und Laz waren enger zusammen, als sie es eine Zeitlang gewesen waren, aber sie kam ein- oder zweimal zu Besuch nach Cambridge.

Ich hatte noch eine letzte Sache für die Zeitung zu erledigen, bevor ich aufhören und auf die Farm zurückkehren wollte. Ich trampte die Route 2 nach Montague, holte mein altgedientes Wildebiest und machte mich auf den Weg nach Portsmouth, New Hampshire, um eine Story zu schreiben über die Entweihung und Zerstörung der ältesten Gebäude jener Stadt, die zu den ältesten der amerikanischen Geschichte überhaupt gehören.

Die Nacht, die ich auf der Farm verbrachte, bevor ich nach New Hampshire aufbrach, war sehr seltsam. Das Haus war bis an den Rand voll mit Leuten, und ich schlief auf der Couch im Wohnzimmer. Spät nachts lud mich Marshall in sein Zimmer, um mit mir zu reden. Ich hatte nicht viel zu sagen. Ich war sehr verwirrt, was meinen bevorstehenden Wiedereintritt in das Farmleben betraf. Es war aber seltsam, auch er hatte mir nichts Besonderes zu sagen, er wollte nur hören, was so in meinem Kopf vor sich ging. Marshall und ich sprachen normalerweise nicht viel. Gewöhnlich hörte ich zu, wenn er redete. Jetzt, das letzte Mal, daß ich ihn lebend sehen sollte, gab es nichts zu sagen. Wir tranken Schokoladenmilch. Er schien guter Laune zu sein, machte Witze über Max, und war absolut nicht entmutigt, weil das Gurkenexperiment fehlgeschlagen war. (Marshall, Dan Keller und Jim Ord schlossen alle Verträge mit der Oxford Pickle Company, Gurken zu züchten, aber es war ein brennendheißer Sommer, und bei allen dreien war die Ernte sehr schlecht.) Wir redeten nicht viel, saßen einfach da und hörten auf die letzten Grillen; es war Ende Oktober, wir lebten jetzt seit mehr als einem Jahr auf der Farm und sollten zum zweiten Mal Zeuge werden, wie die Blätter von den Bäumen fielen. Am nächsten Morgen fuhr ich nach Portsmouth.

9. Ein Todesfall in der Familie

Die Straße eilt hinunter durch den nordöstlichen Teil von Massachusetts; eilt durch Lowell, Lawrence, eilt durch durch die Industriestädte eines Amerika, das niemand von uns sein eigen nennen kann. Riesige Schilder verkünden die Käuflichkeit von grünem oder braunem Land für graue ›Industrieparks‹, nur in diesem Land können zwei so gegensätzliche Wörter miteinander kombiniert werden: Industrie und Park.

Die Straße von Portsmouth, New Hampshire, südlich nach Massachusetts hinein ist ein breiter dreispuriger Highway. Sie hat eine Nummer wie alle Hauptverkehrsadern und sogar die kleineren Straßen und Wege dieses Landes, und sie führt auf einen weiteren dreispurigen Highway, der auch eine Nummer hat. Ich war in Portsmouth gewesen, um einen Artikel zu schreiben über das Stadtsanierungsprogramm der Bundesregierung, eine national finanzierte Operation, durch die wunderschön gebaute Häuser aus dem späten siebzehnten und frühen achtzehnten Jahrhundert brutal abgerissen wurden, um Platz zu machen für geplante Einkaufszentren und MacDonald-Hamburger-Stände und ein paar Schnapsläden, dazwischengestreut, um die Szenerie ein bißchen aufzulockern. Zweieinhalb Tage wanderte ich umher in dieser Stadt, sprach mit ihren Einwohnern, starrte ehrfurchtsvoll auf Planken, über einen halben Meter breit (solches Holz kann man nicht mehr bekommen – außer vielleicht in der Sonntagsausgabe der *New York Times,* die jedes Wochenende einen ganzen kanadischen Wald frißt), handbehauene Dachbalken und Stahlnägel, alle

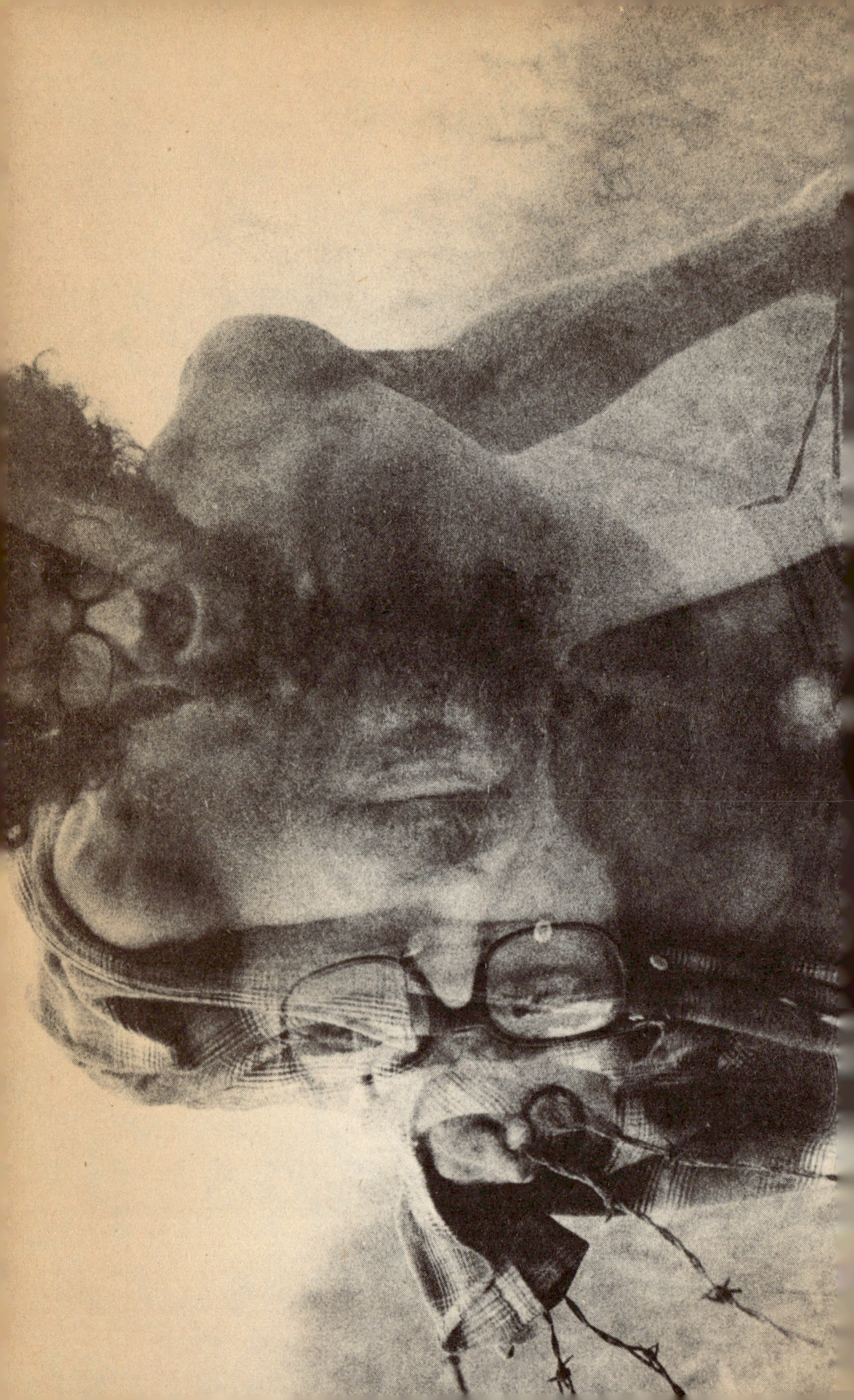

mit der Hand geschnitten. Giebel und Kuppeldächer allenthalben, die Sorgfalt und Geduld und Liebe jener frühen Siedler (›Ahnen‹ nannte sie Marshall auf der Farm) war sogar einem architektonisch nicht gebildeten Auge wie dem meinen sichtbar; und eigentlich sind es gerade diese Gebäude, die Portsmouth' einziger natürlicher Reichtum sind. Aber sie werden eilig niedergerissen von einer Regierung, die darauf aus ist, ihre eigene Geschichte auszulöschen, wo sie noch greifbar ist.

Ich fuhr nach Portsmouth, um über diese Zerstörung zu schreiben und vielleicht behilflich zu sein, einige dieser Gebäude zu retten, die abzureißen die Jones Abrißgesellschaft (natürlich kommt einem da Mr. Dylans berühmte Zeile in den Sinn: »Etwas geschieht, aber Sie wissen nicht, was es ist? Oder doch, Mr. Jones?«) bislang noch keine Gelegenheit gehabt hatte. Wenn man durch diese belagerte Stadt geht, kann man überall das Rumpeln der Bulldozer hören. Zuzusehen, wie diese altehrwürdigen Kunstwerke niedergerissen werden, gleicht dem Anblick eines brutalen Verkehrsunfalls: oder vielleicht erinnert es auch an einen gewaltigen alten Baum, dessen Geschichte niemand von uns je überblicken oder niederschreiben könnte, der ohne Gefühl und nur mit Hilfe der leicht zu bedienenden Heimwerker-McCullough-Bandsäge gefällt wird. Als ich nach Portsmouth kam, waren schon über dreihundert dieser alten Häuser dem Erdboden gleichgemacht worden. Weitere hundert standen auf dem Plan für baldigste Abrißarbeiten.

Auf der Veranda eines dieser Häuser sitzt Mr. Frank Bartoli. Er hat den größten Teil seines erwachsenen Lebens als Arbeiter verschuftet (und einen guten Teil seiner Jugend ebenso) und ist jetzt im Ruhestand. Sein einziger wirklicher Besitz ist natürlich sein Heim, ein dreistöckiges Gebäude, erbaut in den späten Jahren des siebzehnten Jahrhunderts. Er sitzt auf der Veranda und beäugt mich abwartend. Schließlich habe ich ziemlich lange Haare und bin erst einundzwanzig. Ich bin doch einer von denen, die er in den Sechs-Uhr-Nachrichten gesehen und von denen er gelesen hat. Aber mir macht sein Argwohn nichts. Wir beginnen zu reden, während das Gebrüll der Bulldozer von Jones und das Erzittern der Erde unter ihren Raupen gegen uns ankämpft. Ich versuche, meine Absichten zu erklären, daß auch ich interessiert bin mitzuhelfen, diese herrlichen Häuser zu retten, von denen eins sein Heim ist seit über dreißig Jahren und jetzt ganz ihm gehört, weil die letzte Hypothek abgetragen ist. Aber er weiß mehr als ich, weiß, daß weder das geschriebene Wort noch die erregende Unmittelbarkeit der Fernsehbildröhre in der Lage sein werden, sein Haus zu retten. So sitzt er da und wartet. Drinnen im Hause, in der Briefmarkenschublade seines alten Sekretärs liegt ein Scheck der US-Regierung über eine armselige Summe, den ›Wert‹ seines Heims, wie er angesetzt wurde von der Schätzkommission der Sanierungsbehörde. Dieser Scheck soll ihn angeblich für sein Heim ›entschädigen‹ und zusammen mit ihm kam ein Brief von der Regierung, der vorschlägt, daß er und seine Frau, beide Ende sechzig, sich ein neues Wohnquartier suchen, und zwar innerhalb von neunzig Tagen. Mr. Bartoli ist ein guter Bürger, und natürlich muß es einen *Grund* geben, warum die Regierung ihm das Haus abreißen will (das Abziehbild des Sternenbanners an seinem Autofenster ist Zeugnis für seine Vaterlandstreue). Aber niemand hat es ihm richtig erklärt, also zögert er, den Scheck einzulösen. Er sagt mir, daß er das wertlose Stück Papier eine Zeitlang aufgehoben hat, aber jetzt entschlossen sei, es einzulösen, und zwar am Montag. »Schließlich«, sagt er mit einem starken Akzent, der jene eigenartige Mischung aus Neu-England-Genäsel und

südsizilianischem Singsang verrät, »ist es ja die Regierung. Was kann man da schon machen?«
Diese Wörter hallen wider in meinem Kopf, als ich die Runde mache durch die besetzten Straßen. Die Leute von Portsmouth sind umzingelt: auf der einen Flanke ein Riesen-Luftwaffengelände (alle Stunde fliegen Flugzeuge nach Vietnam), auf der anderen Seite ein Verschiffungsgelände der Marine und ein Marinegefängnis. Aber auch diese militärischen Einnahmequellen sollen bis 1971 ausquartiert werden, so daß Portsmouth ohne eigentliche ökonomische Basis bleibt. Dann dürfte sich vermutlich niemand finden, der willens wäre, Geld in Gebäude zu investieren, den gewonnenen Raum zu füllen, der jetzt geschaffen wird durch das Städtesanierungsprogramm. Weswegen also das Programm? Niemand weiß es, am wenigsten die Leute von Portsmouth.
»Was kann man da schon machen?«
Ich steige in meinen alten Wagen und fahre nach Hause. Alles, was ich tun kann, ist nach Hause fahren. Alles, was ich tun kann, so entscheide ich, ist zur Farm zurückfahren und mithelfen, das unbedingt benötigte Zuckerhaus zu bauen, zurückfahren und anfangen, Holz zu sägen, denn es ist der letzte Tag des Oktobermonats und noch immer haben wir nicht genug Holz für den Herd in der Küche und den Ofen.
Die Straße zurück zur Farm bringt mich durch Lawrence und Lowell und Haverill, Industriestädte, deren chemische Abfallprodukte direkt in die Flüsse Concord und Merrimac geleitet werden. Als ich die Abfahrt nach Lowell passiere, denke ich an Kerouac, der jetzt gerade zwei Wochen unter der Erde liegt. Ich sehe das große Standardschild, grün, und es sagt LOWELL, und ich erwäge, von dem Highway abzufahren und sein Grab zu besuchen. Aber ich tu's nicht. Ich weiß, wie es aussehen wird, eine Steintafel, und die Worte JACK

KEROUAC sorgfältig aus dem grauen Stein gehauen. Es ist für ihn das Ende der Landstraße, und in gewisser Weise ist es für uns alle das Ende der Landstraße, für uns, seine Kinder. Wir haben uns ein Zuhause gewählt, einen Platz, und obwohl wir als Nomaden aufwuchsen in jenem turbulenten Jahrzehnt, den sechziger Jahren, haben wir uns entschlossen, ein Lager aufzuschlagen. Wir haben uns freiwillig erwählt, die amerikanischen Städte der zweiten Hälfte dessen zu verlassen, was Henry Luce so treffend als das ›Jahrhundert Amerikas‹ bezeichnete, und ein neues Leben zu suchen, tatsächlich Land zu besitzen, um in das ›Neue Zeitalter‹ aufzubrechen, ein Heim zu schaffen für unseren heimatlosen, nationslosen Stamm.

Langsam fahre ich vor das Farmhaus und halte. Ray Mungos kleiner roter VW parkt vor dem Haus und ein anderer Wagen, der auch nicht zur Farm gehört. Ich steige aus dem Wildebiest aus, und da kommt auch schon Cathy aus der Vordertür des roten zweistöckigen Hauses, in dem wir gelebt haben, wir alle zehn, das ganze letzte Jahr und noch ein paar Monate mehr. Sie bleibt auf dem Rasen stehen, vielleicht dreißig Meter entfernt von mir, und sie starrt mich nur an. Ihr schönes Gesicht ist sehr bleich, die Augen rot. Dann kommt sie angerannt und umschlingt mich, und sie schluchzt. »Marshall ist tot«, bricht es aus ihr heraus, »Marshall ist tot.«
Der Himmel ist novembergrau, Regen lauert in jeder Wolke, den Leichentüchern, die über uns allen liegen. Sie drückt mich fest, und hinter ihr sehe ich andere aus dem Haus kommen. Zuerst Ray, seine Augen sind auch rot, dann Johnny Wilton, die Haare gerauft und ausgebrannte Augen hinter den klaren Brillengläsern, dann Michael, dann Lazarus. Sie alle sehen weg, jeder in eine andere Richtung, sie warten darauf, daß ich es aufgenommen habe. Ich nehme es auf, aber auf seltsame

Weise, und ich habe das Gefühl, als hätte ich all das schon einmal gesehen, irgendwo. (Es ist, als wenn du ein Kind bist: du gehst Sonnabendnachmittag ins Kino und irgendwann bist du dir plötzlich ganz sicher, daß, wenn du nach Hause kommst, die Eltern mit dem Auto tödlich verunglückt sind, aber wenn du wirklich nach Hause kommst, sind sie noch immer da. Dann eines Tages, da geschieht es – und du hast das Gefühl, du hättest es schon immer gewußt, das Gefühl, es schon einmal erlebt zu haben.)
»Ein Jäger hat ihn gefunden«, sagt sie heiser und unterdrückt. »Er saß in seinem Wagen.« Ein Unfall? Aber sie sagt: »Nein, Selbstmord. Er hatte den Auspuff nach innen geleitet.«
Ray kommt zu mir herüber. Seine Augen sind rot, das Gesicht bleichgrau, aber keine Tränen. Er umarmt mich, Michael umarmt mich, Johnny Wilton kommt und umarmt uns alle, Cathy, Ray, Michael und mich. Jetzt strömen mir die Tränen über das Gesicht, und wir gehen alle in die Küche.
»Marshall, oh, Marshall«, sagt Ray, an niemanden gerichtet, an alle, an Marshall, an sich selbst. Schmerz und eine eigenartige Furcht huschen über sein Gesicht. Er war mit Marshall wahrscheinlich am längsten von uns allen zusammengewesen. Sie hatten gemeinsam viele gute Zeiten durchlebt, wundervolle Zeiten, aber auch eine Menge Scheiße.
»Oh, Marshall«, höre ich mich selbst sagen, »wie konntest du das tun? Nach all dem Zeug, das wir durchgestanden haben, Mann, nach all dem Kummer. Und gerade jetzt, wo wir endlich anfangen, zusammenzukommen, wo endlich die verdammte Sonne herauskommt.« John legt mir die Hand auf die Schulter. Ich sehe in sein Gesicht und sehe die unglaubliche Kraft, die irgendwie seinen Schädel zusammenhält: eine dunkle Ader läuft von seinem Haaransatz über die Stirn wie ein Strom. Er war an diesem Sonnabendmorgen hinübergefahren

zu der Stelle, wo der Jäger Marshall und den alten Triumph Spitfire gefunden hatte. Marshall hatte versucht, den verdammten Wagen zu verkaufen, aber er fand niemanden, der den Preis zahlen wollte, den er verlangte. Es war auch seltsam mit dem Auto, denn wir hatten immer Mad Marshall, wie wir ihn voller Zuneigung nannten, aufgezogen wegen des Autos – ›Green Power‹, so hieß es. Irgendwann im Winter hatte Marshall seine Absicht erklärt, diese nervöse, abgewrackte Rosinante zu verkaufen, seinen treuen Begleiter, der ihn durch viele dringende und verzweifelte Kampagnen gebracht hatte, eilige Fluchten von brenzligen Demonstrationen und Situationen. Marshall erklärte also seine Absicht, Green Power zu verkaufen und sich einen Jeep anzuschaffen. Aber wir alle neckten ihn, drängten ihn, seinen Wagen bis zu allerletzt zu behalten als eine Art Relikt aus seiner eigenen Vergangenheit; und ihm gefiel das Drängen, er wollte ihn ja eigentlich sowieso nicht verkaufen. Denn der Wagen hatte eine Menge von seinem Besitzer, ähnlich wie Max, Marshalls Hund, der französisch sprechende irische Setter: Hund und Wagen ähnelten Bloom und reagierten perfekt in Melodie und Stimmlage auf ihn. Green Power hatte immer seine Schwierigkeiten, Auspufftöpfe fielen ab, er stotterte oder wimmerte, hatte unerträgliche Allergien wie Marshall selbst – aber wenn Druck da war, wenn die Situation kam, wenn es brennend wichtig für Mad Marshall wurde, irgendwohin zu kommen, dann funktionierte Green Power mit absoluter Zuverlässigkeit. Ebenso wie sein Besitzer. Wenn es wirklich wichtig war, wie in den Tagen des LNS-Krieges, dann reagierte und agierte Bloom mit äußerster Präzision, dann war er zu allem fähig, fähig, die ausgeklügeltste Operation makellos durchzuführen. Dasselbe galt für Wagen und Hund. Und jetzt war Green Power sein Todesschiff geworden, sein Sarg.

Marshall Bloom, Häuptling dieses Stammes, Prinz der Schauspieler, gequältes und dämonisches Genie, Manipulator von Männern und Frauen und ein sehr einsamer Junge, war tot, erst fünfundzwanzig Jahre alt. Wie Johnny Wilton an jenem Tag in der Küche sagte, Tränen liefen ihm über das Gesicht: »Er hat verdammt viel Staub aufgewirbelt in seiner Zeit.« Und wir alle nickten schweigend Amen.

Marshall Bloom hatte uns hierhergebracht, an diesen Ort, auf dies Land von Robert Frosts geplagten Menschen. Aber trotz der Tatsache, daß er mitten unter seinen Leuten lebte, von ihnen umgeben war, seiner Familie, der er emotional und psychisch verbunden war wie siamesische Zwillinge durch einen gemeinsamen Oberschenkelknochen, war er immer allein.

Für Marshall war das Leben stets ein fieberhaftes ›Hoch‹ oder ein fieberhaftes ›Tief‹, und oft war es schwierig, beides voneinander zu unterscheiden – besonders, als er sich das Leben nahm. Es gab keinen ›Abschiedsbrief‹, keine echte Erklärung, keine Gründe, niedergeschrieben in jener absurd unleserlichen Klaue, die seine Handschrift sein sollte. Und als wir alle in der Küche saßen, in der niederschmetternden Nachphase dessen, was Ray zweifelnd den ›Superschwindel‹ nannte, und versuchten, das Mosaik zusammenzusetzen, das ›Warum‹ zu ergründen, da konnten wir nicht entscheiden, ob Marshall auf einem seiner irrsinnigen elektrischen ›Hochs‹ gewesen war oder in einem schrecklich deprimierten ›Tief‹. Natürlich, es gab keine Möglichkeit, es herauszufinden.

Ein Reporter, der irgendwann im ersten Herbst auf die Farm gekommen war, hatte Marshall in seinem Artikel als den »unglaublichen Freak« bezeichnet; und M. Bloom nahm das als wundervolles Kompliment, schrieb sogar diesen Ehrennamen über seinen Handtuchhaken im Badezimmer. Aber um

ein Freak zu sein, um frei zu sein, muß man auch bereit sein, den Preis zu bezahlen. Niemand wußte das besser als Marshall Bloom, Leiter einer Verbindung an der Highschool, Chefredakteur einer College-Zeitung, Rädelsführer der Revolte 1967 an der London School of Economics (weswegen er aus England ausgewiesen wurde – geehrt mit einem Leitartikel in der London *Times* unter der Überschrift »Bloom go home!«), Chef der United States Student Press Association (aus der er ausgeschlossen wurde und selber austrat, als seine Politik dem College Presseverband, der von der Regierung finanziell unterstützt wurde, zu heiß zu werden begann), zusammen mit Ray Mungo, Begründer und Chef-Leader des Liberation News Service, Gurkenfarmer und Outlaw Extraordinaire.
Und so wird uns der erste November allen im Hals steckenbleiben, uns, die wir zu Marshalls Stamm gehörten und zu seinem *Karass,* unser restliches Leben lang.

Denver: 3. November 1969

Das Flugzeug, mit dem wir kamen, war nicht dasjenige, in dem sein Leichnam überführt wurde. Ihn hatte man schon am Sonntag, einen Tag zuvor, zurückgebracht in Marshalls Geburtshaus. Lazarus und ich verließen den Flughafen von Hartford früh am Montagmorgen, die Beerdigung war am Nachmittag in Colorado angesetzt. Aber wegen des Zeitunterschieds würden wir schon um Mittag in Denver eintreffen und noch zweieinhalb Stunden haben bis zu der Trauerfeier.
»Schnall dich an, Stevie«, sagt Lazarus grinsend, obwohl seine Augen rot waren wie meine.
Die Bloom Familie bezahlte das Flugticket für Laz nach

Denver, da sie ihn einmal zusammen mit Marshall kennengelernt hatten. Es war kein Geld auf der Farm, um noch jemanden anders nach Denver schicken zu können, aber ich hielt es für absolut notwendig hinzufliegen, aus Gründen, die komplex, wenn auch nicht schwierig zu verstehen sind. Und keiner sonst von der Farm wollte eigentlich wirklich zu Marshalls Begräbnis nach Denver, obwohl sie zögerten, das auszusprechen. Da war nur so ein Gefühl, daß die ganze Denver Szene uns so fremd sein würde, und auch dem Marshall, den wir kannten – und um sich das Gefühl dafür zu bewahren, was er hier in Montague gewesen war, fanden die Leute, sie sollten lieber zu Hause bleiben und das Feuer im Holzofen nicht ausgehen lassen. Ich fuhr runter nach Hartford mit meinem Scheckbuch in der Hand und schrieb einfach noch einen ungedeckten Scheck aus, wobei ich mir unentwegt schwor, daß dies endgültig der letzte sein würde: der Marshall-Bloom-Gedächtnis-Scheckschwindel, und danach, kein einziges mehr dieser betrügerischen Stücke Papier mit meinem Namen drauf.

Während unseres einstündigen Aufenthalts auf dem O'Hare Flughafen rief ich das Büro der ›Chicago Acht‹ an. Es war eine Weile her, seit ich mit der Bewegung persönlich Kontakt gehabt hatte, und jetzt rief ich Abbie Hoffman und Jerry Rubin an, um ihnen von dem Tod eines ihrer Freunde zu berichten. Etwas mehr als ein Jahr war vergangen, als Marshall und ich auf diesem selben Flughafen landeten, bereit, uns die Köpfe einschlagen zu lassen von der Polizei Chicagos bei dem unseligen Schlachtfest der Demokratischen Partei. Aber Marshall hatte immer sein Bewußtsein behalten, zur Bewegung zu gehören, hatte sich immer im stillen als einer der vielen verschiedenen Ausläufer eines im wesentlich historischen Prozesses verstanden, der sich in Amerika vollzog. Im vergangenen Frühling hatte er es arrangiert, daß Jerry Rubin zweitausend Dollar dafür bekam, an der Uni von Massachusetts zu sprechen, zehn Meilen von uns entfernt, und noch einen Monat vor seinem Tode hatte er ernsthaft davon gesprochen, mit der Venceremos Brigade nach Kuba zu gehen, um dort zwei Monate bei der Zuckerrohrernte zu helfen.

Ich konnte weder Jerry noch Abbie an den Apparat bekommen, und als ich versuchte, Abe Peck vom Chicago *Seed* anzurufen, einen unserer Helfer während der großen Spaltung in der Untergrund-Presse, wollte mir niemand seine Privatnummer geben. Also hinterließ ich eine Nachricht im Büro, da ich wußte, sie würden auf dem Weg zum Gericht dort Station machen: »Sag ihnen nur, Steve Diamond hat angerufen, und daß Marshall Bloom sich gestern das Leben genommen hat.« Die Stimme am anderen Ende der Leitung, obwohl sie weder Marshall noch mich kannte, sprach mir Beileid aus; ich dankte, fand Laz, und dann nahmen wir unsere Anschlußmaschine nach Denver.

Ich flog nach Denver, weil ich noch nie zuvor für jemanden *kaddish* gesagt hatte. Und obwohl ich keineswegs mehr ein ›praktizierender‹ Jude bin, gab es da doch etwas, das mich bewegte, die Farmfamilie nicht nur als Mitglied seines Stammes, sondern auch als Mitglied jenes älteren, historischen Stammes zu vertreten. Ich wußte, daß Marshalls Begräbnis eine ziemlich religiöse Angelegenheit werden würde, da seine Eltern bis auf den heutigen Tag koscher geblieben sind. Wir hatten darüber gesprochen, Marshall und ich, über die ständig sich verändernden Beziehungen, die wir zu der Religion unserer Ahnen hatten. Einmal hatten wir uns erbittert gestritten über einen Artikel, der dem Nachrichtendienst von einem arabischen Jungen zugestellt wurde. In ihm wurden die Handlungen der Israelis verglichen mit denen der Deutschen im

Zweiten Weltkrieg. Ich konnte nicht glauben, daß Marshall ihn drucken wollte, denn obwohl ein Körnchen Wahrheit in ihm sein mochte, war er doch eigentlich nichts anderes als arabische Propaganda. Marshall führte I. F. Stone zur Unterstützung an, behauptete, es sei wesentlich, die bisher unterdrückte arabische Stellungnahme zu hören, und bei allem, was wir wußten, könnten sich diese Vorwürfe gegen die israelische Armee vielleicht sogar als wahr erweisen; aber am Ende gab er doch meinem gefühlsmäßigen Engagement nach und sagte, nun, wir werden es nicht drucken, denn es ist so schrecklich schlecht geschrieben. (Marshall hatte, wie soviele der gegenwärtigen Generation von Nicht-Juden-Juden, den Judaismus absolut nicht ›verraten‹, sondern dessen Lehrsätze verlassen auf der Suche nach seinen eigenen, die mit dem Bemühen, ein völlig neues Leben und eine völlig neue Kultur zu schaffen, in Einklang zu bringen waren.) Es war wichtig für mich, daß einer von uns, von der Farm und Marshalls ›gegenwärtigem Leben‹, anwesend war, um sich mit seinen Blutsverwandten zum Gebet der Trauernden zu vereinen: Ich hatte die Vorstellung, es könnte vielleicht möglich sein, die beiden ›Familien‹ miteinander zu verbinden und dadurch seinen trauernden Eltern einen wenn auch noch so geringen Trost zu geben.

John Dobrin, Marshalls Schwager, empfängt uns auf dem Flughafen. Er ist von massiger Statur, Anfang dreißig, und trägt einen roten Bart, der im Widerspruch steht zu seinem erkahlenden Kopf. Wir tauschen einen Händedruck aus, und er betrachtet uns, erwartete vermutlich Freakkleidung und ungewaschene Gesichter, findet aber statt dessen zwei sauberrasierte junge Männer in dunklen Anzügen und Krawatten.

John informiert uns, daß wir auf Marshalls Lady warten müssen, Liz Miesner, die aus San Francisco geflogen kommt, wo sie als Forschungsassistentin in Berkeley arbeitet. Ein paar

Minuten später kommt Liz an, sie trägt einen langen schwarzen Mantel und verbirgt ihre geschwollenen Augen hinter dunklen Brillengläsern. Sie ist groß, grobknöchig, eine bemerkenswerte Erscheinung von Frau. (Wir hatten alle unsere Scherze gemacht auf der Farm, was für eine Frau Mad Marshall einmal bekommen würde – sie war im Frühsommer in Montague gewesen, und ich hatte sie nicht gesehen, da ich in San Francisco war –, aber Liz entsprach exakt dem, was man sich als Marshalls weiblichen Gegenpart vorzustellen neigte. Emotional stark, intellektuell gebildet und ein irres Arbeitstier war Liz ein Teil des Fundaments gewesen, auf das sich Marshall und Ray während jener ersten Tage des LNS in Washington, D. C., stützen konnten.) Sie und Laz umarmen sich. Wir werden einander vorgestellt, aber natürlich ist es, als ob wir uns schon eine lange Zeit kennen, unsere Lebensgeschichten sind einander wohlbekannt.

Auf dem Weg zum Wagen halten Liz und Lazarus einander umschlungen, sie sprechen leise miteinander, während John und ich hinter ihnen hergehen. Er wendet sich mir zu und sagt: »Hier, nehmen Sie das, nehmen Sie es nur, es ist von Sam Bloom. Er möchte, daß Sie damit den Leuten daheim auf der Farm etwas Nettes tun«, und er drückt mir befangen einen Stapel Geldscheine in die Hand. Ich bin irgendwie vor den Kopf gestoßen, das ist doch hier kein verdammtes Bar-Mizwa. Aber ich nehme das Geld und sage nichts.

Im Wagen wendet sich John an uns drei und sagt, es gäbe da ein paar wichtige Dinge, über die er uns ›kurz informieren‹ müsse, bevor wir mit ihm nach Hause fahren. »Also, ich weiß nicht, was Sie erwarten, aber es wird ganz genauso sein wie in dem Buch von der Mitford, genau wie bei der Mitford.« Er nimmt an, daß wir alle *The American Way of Death* gelesen haben, aber keiner von uns hat es, was kümmert uns das

schon. John schwitzt jetzt, die Autoheizung läuft auf Hochtouren, mir wird schon schwummrig, ich kurbel das Fenster herunter, um ein bißchen Luft herein und mich hinausschweben zu lassen.
»Hat einer von Ihnen je Lil, Marshalls Mutter, kennengelernt?« John dreht sich zu uns dreien um. Laz nickt. Vor über einem Jahr hatte er Marshalls Eltern in New York gesehen. (Das war mitten in der erhitzten Hochspannung zwischen den beiden Fraktionen des Nachrichtendienstes. Marshalls Eltern hatten darauf bestanden, zu kommen und sich das Büro anzusehen: sie nahmen ein Taxi zu den Kellerräumen in der Claremont Avenue, begannen sich umzusehen und mit den Typen dort zu sprechen, bevor sie schnell von ihrem Sohn hinauskomplimentiert wurden. Aber bevor sie gingen, wanderte Mrs. Bloom noch herum, versuchte die ›dedizierten Revolutionäre‹ zu überzeugen, daß, wenn sie wirklich ihre Ziele erreichen wollten, sie sich die Haare schneiden lassen, Anzüge tragen und auf diese Weise mehr Leute beeinflussen müßten. Die meisten der Jungs dort lächelten über die Sache mit den Haaren. Dann lief Alex Kelly Mrs. Bloom über den Weg, und sie studierte sein schulterlanges weißes Haar und den gepflegten van-Dyck-Bart und sagte laut: »Und Sie! Sie sollten es doch in Ihrem Alter wirklich besser wissen!«)
»Nun«, John, der übertrieben eifrige Bedienstete dieser Familie, in die er eingeheiratet hatte, spricht wieder, »es wird jedenfalls eine ziemliche Schau werden.« Er sagt das so nebenbei, daß meine Scheu, der trauernden Familie gegenübertreten zu müssen, irgendwie gemildert ist; nicht ganz verschwunden, aber die Furcht, der ›verwitweten‹ Mutter entgegenzutreten, ist irgendwie eingedämmt. John geht mit der ganzen Angelegenheit um, als handele es sich um eine Konferenz auf höchster geschäftlicher Ebene, zu der wir alle eingeflogen worden sind,

und er ist entschlossen, die Einzelheiten so effektiv wie möglich zu organisieren und mit einer gewissen kühlen Distanz.
Wir fahren schweigend in die Vorstadt.

Ich betrachte diese Stadt, dieses geographische Konglomerat, in dem Marshall aufgewachsen ist und in der er bald zu seiner letzten Ruhe in die braune Erde gelegt wird. Es ist die typisch amerikanische Stadt des modernen Westens, ihre Gebäude sind flach. Die Leute, die diese Stadt erbauten, haben ein Gefühl für Raum, das den Einwohnern der menschenüberfüllten Dschungel an der Atlantikküste unbekannt ist. Die Gebäude sind alle modern, keins scheint älter zu sein als fünfundzwanzig Jahre. Dies hier ist nicht Portsmouth, nicht das Amerika der Geschichtsbücher.
Das Schwierigste, womit ich zu kämpfen habe, sind die sich auftürmenden Bergwände, die Rockies. Ich sehe mich immer wieder um, blicke hinaus durch das Rückfenster des vornehmen 1969er Oldsmobile, der summt und schnurrt und wie ein Hai im geordneten Strom eines Schwarms anderer Haie mitschwimmt. Die Berge scheinen so voller Weissagungen, Vorboten, undurchdringlich, und natürlich kommen Bilder von den Planwagen-Leuten, die sich mutig durchschlugen nach Kalifornien und einem neuen Ozean. Aber wie muß es gewesen sein, hier aufzuwachsen, die frühen Jahre mit diesen verdammten Bergen zu verbringen, die immer da sind, immer warten, beobachten, die Geschichte deines Lebens aufzeichnen und nun auch deinen Tod. Die Berge, sie überdauern. Aber ich kann sie nur sehen als eine Wolke, die über einem hängt, sie sind Festungswälle: doch weiß man nie, ob man in dieser Festung ist oder draußen. Das Auto fährt weg von den Rockies, und für ein paar Augenblicke darf ich vergessen, daß sie dort sind.

Wir kommen in Sam Blooms Haus an. Es ist flach, niedrig, im Ranch-Stil, ähnlich dem Haus meiner Eltern in Miami, Florida. Drinnen werden wir bekanntgemacht. Marshalls Mutter, eine zierliche Frau, begrüßt uns. Hier steht jeder auf, nicht so sehr, weil wir den Raum betreten haben, sondern weil Mrs. Bloom sich erhoben hat von ihrem Stuhl am Küchentisch. Irgendwo in ihren wundgeriebenen und tränenfeuchten Augen ist ein Schatten Blau, klares Blau. Sie ist klein, kleiner, als ich erwartet hatte, und ihr Haar ist hochgetürmt auf ihrem Kopf; es ist stahlgrau, ebenso wie das Kleid, das sie trägt. Mrs. Bloom scheint eine zarte, zerbrechliche Frau zu sein, ein kleiner Vogel (wie auch Marshall oft wirkte): aber ich lasse mich nicht täuschen. Sie ist stark, entschlossen und anspruchsvoll, und wenn sie angefangen hat zu reden, dann weiß man es.

Sie steht neben Sam, ihrem Mann, auch er verwirrt von dem unerklärlichen Tod seines jüngsten Sohnes. Sam ist Ende sechzig, mit dicken Brillengläsern, und er sagt sehr wenig. Er ist ein sehr freundlicher Mann, aber offensichtlich jemand, der nie das neurotische Leben seines Sohnes verstanden hat. Alan Bloom, Marshalls älterer Bruder, kommt in die Küche. Er trägt einen dünnen schwarzen Anzug, weißes Hemd, dunklen Schlips, die Haut seines Gesichtes liegt straff gespannt über den Knochen. Ich mag ihn sofort, denn obwohl unsere Lebensweisen und Gedanken sehr verschieden sind, ist es doch klar, daß diese letzte unerhörte Tat von Marshall ihn sehr erschüttert hat; die Bequemlichkeit und Selbstzufriedenheit, die es bietet, die Kette von Elektrogeschäften seines Vaters zu leiten, sind nicht solide genug, diesen so brutal unwiderruflichen Schritt in das Unbekannte abzufangen, den sein Bruder Marshall getan hat. (Einmal, als Marshall in der Kommunebude wohnte, in Washington, D. C., während der Aufstände nach der Ermordung von Martin Luther King, war Alan gekommen, um seinen jüngeren Bruder zu besuchen. Sein bürgerliches Auftreten und sein normales Benehmen erregten die Feindseligkeit der Gruppe, und die Leute machten es ihm ziemlich schwer; das Ganze fand seine Krönung darin, daß Marty Jezer eine Dollarnote verbrannte und Alan deswegen absolut durchdrehte.) Meine eigenen Sympathien waren wirklich bei Alan, denn es war klar, daß es nie eine befriedigende Antwort geben würde, warum Marshall es getan hatte; und es war auch klar, daß eben dieses Nichtvorhandensein einer Antwort Alan dazu zwingen würde, sein eigenes Leben bis ans Ende seiner Tage immer wieder zu überprüfen.

Barbara, Marshalls Schwester und John Dobrins Frau, betritt jetzt das Zimmer. Sie sieht von allen Familienmitgliedern Marshall am ähnlichsten: wieder dieses dünne Vogelhafte, hohe Wangenknochen und wäßrige Augen wie eine tuberkulöse Mutter in einem Stück von O'Neill.

Mrs. Bloom fragt uns, ob wir hungrig sind, spielt die einzige Rolle, die sie beherrscht, verrichtet die wohlbekannten Tätigkeiten einer Mutter, denn obwohl ihr Sohn tot ist, bleibt sie doch eine Mutter, doch eine Frau. Sie spült Geschirr (›Vielleicht bringt mich das auf andere Gedanken‹), während wir anfangen, einige der vielen Fragen zu beantworten, die John Dobrin und Alan Bloom uns stellen. Sie spült Geschirr, aber ihr Geist klebt an unseren Worten, sie ist eingestimmt auf die Modulation unserer Stimmen, sie hofft, das kleinste Fünkchen von Erkenntnis zu gewinnen, etwas mitzubekommen von der Kenntnis ihres Sohnes, wie sie eine andere Person hat. Er hatte ihr Haus mit achtzehn verlassen, vermute ich, und obwohl das erst sieben Jahre her ist, ist sogar sie sich bewußt, daß diese Jahre voller turbulenter Wechsel, voller Hochs und Tiefs, den Jungen verändert hatten, der Vorsitzender von dieser oder jener Vereinigung an der Highschool gewesen war, den Jungen, der sich so sorgfältig und umsichtig sein Zimmer eingerichtet hatte, den Sohn, den sie gekannt und geliebt hatte. Nicht daß er am Ende nicht mehr ihr Kind gewesen wäre, sind wir doch alle noch die Kinder unserer Eltern; aber irgendwie hatte er in jenen Jahren Dimensionen angenommen und war nicht länger nur der Sohn seiner Mutter, sondern sein eigener Mann. Und sie wollte wie all die anderen verwirrten Mitglieder der trauernden Familie wissen, wer dieser Mann war.

»Das ist nicht Marshall Bloom da drinnen«, sage ich mir, als ich dasitze und einen großen roten Mahagonisarg betrachten muß. Wir befinden uns in einem Raum im innersten ›Sanktuarium‹ der Mount Nebu Begräbnisstätte von Denver. Der Sarg ruht auf einem festen Eichensockel, und direkt hinter ihm ist ein Davidstern, erleuchtet von einer kleinen Neonlampe. »Marshall ist irgendwo und betrachtet sich diese Show«, denke ich, denn ich bin nervös, mir ist schlecht, ich fürchte, wenn sie den Sarg zum letzten Mal öffnen, damit wir ihn nochmal sehen, dann kann ich es nicht ertragen, dann schaffe ich es nicht. Er kann einfach nicht da drinnen sein.

Hinter mir (wir Sargträger sitzen in der ersten Reihe; außer mir und Laz, glaube ich, hat keiner der sechs anderen Männer oder Jungen irgendeine Ahnung oder einen Schimmer, wessen Körper er bald zum Friedhof tragen wird) befindet sich eine Menge von vielleicht siebzig bis hundert ›Trauernden‹. Ich bin ein bißchen überrascht von der Größe der Gruppe, aber später finde ich heraus, daß es sich hauptsächlich um Angestellte des Familienkonzerns handelt, die den Tag freibekamen und gekommen sind, um ihren Respekt zu erweisen. Was sie über Marshall wußten, hatten sie zweifellos im *Time* Magazin gelesen, und daß er der verrückte, verlorene Sohn des Boß war.

Der Rabbi erhebt sich und geht ans Podium. Er ist klein, leicht kahl und hat einen nicht-weißen Teint, der als Sonnenbräune durchgeht. Seine Koteletten sind lang: er ist ein Liberaler. Er »war eine Zeitlang in Selma, wie Marshall«, so sagt er, und wie es bei so vielen liberalen Kirchenleuten der Fall ist, gehen seine Überzeugungen nur soweit, wie sie nicht seine Position und seine Bequemlichkeit beeinträchtigen. (Vergib mir die Abschweifung, lieber Leser, aber ich habe etwas zu nörgeln: in den vergangenen vier Jahren, da so viele Kirchen im ganzen Land ihre Türen öffneten und sich anboten als ›Zufluchtsstätten‹ für GIs, die sich zu kämpfen weigerten, oder für junge Männer, die sich der Einziehung zum Wehrdienst widersetzen, da man in ihnen sang und betete, bis die FBI-Leute mit ihren schwarzen Schuhen die Türen eintraten und die jungen Leute abführten, in dieser Zeit haben sich nur sehr wenige Synagogen als derartige Zufluchtshäfen angeboten.) Und so liest der Rabbi den Nekrolog, Wörter, getippt auf ein Stück Papier mit dem einfachen Briefkopf seines Büros; Wörter über den leblosen Körper eines Mannes, Wörter ebenso leblos, wie er jetzt ist. (Als sein Leichnam nach Denver geflogen wurde, hatte man weder Marshalls Bart abrasiert noch die riesige Krone seines störrischen schwarzen Haars geschnitten. Lee Lund, der Geschäftsführer des Community General Store bei uns, sagte mir eine Woche nach der Beerdigung, daß die Leute des Bestattungsunternehmens, zu dem Marshalls Leiche gebracht worden war, sich nicht entschließen konnten, ob sie ihn so heimschicken oder ihn zuerst rasieren sollten. Aber der ältere Konstanski – vom Konstanski Bestattungsunternehmen – setzte sich durch und sagte: »Es ist eines Mannes Recht, so begraben zu werden, wie er lebte.«) Aber dieser reiche Rabbi aus Denver verlangte geradezu, daß Marshalls Haare und Bart geschnitten werden müßten: er sagte Mr. und Mrs. Bloom, er

würde es nicht erlauben, ihn so zu beerdigen. Und er »war eine Zeitlang in Selma gewesen«, tja. Aber Lil Bloom muckte auf, wollte es nicht durchgehen lassen. Eine dieser Ironien, denke ich. Denn solange er am Leben gewesen war, hatte Mrs. Bloom alles in ihrer Macht stehende getan, damit Marshall sich rasierte und sich die Haare schneiden ließ. Nun, da er gegangen war, bestand sie mit derselben Unerbittlichkeit darauf, daß ihr Sohn in die Erde gehen durfte in dem Aufzug, in dem er auch gelebt hatte. (Später, viel später, saßen wir in dem Zimmer, das Marshall als Junge entworfen hatte, ein Zimmer, das das Bedürfnis eines Jungen widerspiegelt, als ›reif‹ angesehen zu werden – und in der Tat hatte es etwas Älteres an sich – weit entfernt von seinem Zimmer auf der Farm, vollgestopft mit alten Zeitungen, einer Bandsäge, von der Öl auf das zerlesene Exemplar von Gandhis *Autobiographie* tropfte – sie und ich saßen in diesem Zimmer, und für einen Augenblick wurde sie meine Mutter, alle Mütter: »Steve, mir hätte es nichts ausgemacht, wenn seine Haare bis an die Knie gewachsen wären, oh mein Marshall ...« und wieder schluchzt sie hemmungslos.)
Der Rabbi würzt seine Trauerrede mit Zitaten: Heinrich Heine, Maurice Rowntree und sogar Rabindranath Tagore. Dies sind nicht die Schriftsteller aus Marshall Blooms Leben, diese Männer sprachen weder zu ihm noch für ihn. In mir beginnt es jetzt zu kreisen. Der Rabbi versucht, ein Klagelied zu singen, aber die Melodie ist flach, die Worte sind hohl und falsch. Sind diese Leute hier wirklich gekommen, um sich das anzuhören? frage ich mich. Wollen sie wirklich etwas von Marshall Bloom wissen? Eine Vorstellung von dem Mann bekommen?
Eine Begräbnisphantasie explodiert in meinem Geist: ich springe hinauf auf die Kanzel, auf der der Rabbi steht, nur einen Meter entfernt von der Stelle, an der ich sitze. Mit einer

Hand stoße ich ihn zur Seite, mit der anderen wische ich von seinem Podium die Bücher, Gebetbücher unserer Ahnen, Gedichtbände, die zur Standardausrüstung einer jeden Rabbi-Bibliothek gehören, Bücher für die eben Verstorbenen wie für die eben Geborenen, Bücher für diejenigen, die das Bar-Mizwa feiern, die heiraten usw. Bücher und Wörter, Tonnen von Wörtern, für jede Gelegenheit welche, als könnte jede Person, die geboren wird, und jede Person, die stirbt, besprochen und gepriesen werden mit diesen Wörtern.

»Ihr alle seid gekommen, heute. Wollt ihr wirklich etwas von Marshall Bloom wissen? Seid ihr wirklich daran interessiert? Also gut, dann werde ich euch erzählen, was ich weiß. Marshall Bloom war ein Hundesohn, das stimmt«, sage ich gegen ihr Gemurmel und ihre Überraschung, »aber er war auch so etwas wie ein tragischer Heiliger. Wir, die wir ihm nahestanden, die jeden Tag mit ihm lebten, wir liebten ihn – aber wir konnten ihn auch, und das taten wir, zu Zeiten furchtbar hassen.« Einige Leute unter den Zuhörern stehen auf und rufen »Schande, Schande«, aber ich kann jetzt nicht mehr aufgehalten werden, bin Burt Lancaster in *Elmer Gantry*, nur, wo dort ein Kreuz war, ist hier ein Davidstern. »Marshall Bloom hatte die Kraft und die Fähigkeit, einen absolut fertigzumachen – und dann, o ja, dann, wenn man dachte, man könnte nicht mehr weiter, kein Stück mehr, dann richtete er einen wieder auf, pflanzte einem einen brandneuen Geist ein, gab einem Mut weiterzumachen.«

»Steve, steh auf«, höre ich jemanden neben mir sagen. Meine Phantasierede ist vorüber, die Trauergemeinde steht auf, und auch ich, stumm wie der Rest von ihnen, stehe auf. Der Rabbi liest seine Segnung: »Möge seine Seele fest ruhen in der Hand des ewigen Lebens.«

Alle verlassen den Raum bis auf uns in der ersten Reihe. Wir, die Sargträger, werden wie eine Schar Wiedergänger vor den Sarg geführt, der jetzt geöffnet ist, wie uns bewußt wird. Der Deckel der roten Mahagonikiste, poliert und glänzend, so daß man sein eigenes Spiegelbild in ihm sehen kann, wenn man hinunterblickt, steht in einem Winkel von fünfundvierzig Grad offen: ich bin dran, ich trete näher, die hölzerne Auster zeigt ihre tote Perle vor. Es ist tatsächlich Marshall.

Seine Haare und sein Bart sind gewaschen. Sie glänzen, fast ein dunkles Rotbraun, was ich immer für schwarz gehalten habe. Seine Haut ist elfenbein, wo sie sonst weiß war, Wangen wie Marmortafeln, die seine Nase und Augen betonen und den Rest seines Gesichtes ergänzen. Ja, das ist Marshall Bloom in einem seiner besseren Momente, vielleicht dem besten, einem Moment, den ich nie zuvor gesehen habe und nie wieder sehen werde. Tragischer, magischer Marshall, dieser Prinz psychischer Energie, Marshall King Lear. Ich hätte nicht gedacht, daß ich einem toten Mann direkt ins Gesicht sehen könnte, besonders nicht einem, der mir so nahegestanden hatte. Aber ich tat es. Ich ließ mir Zeit, sah genau hin, versuchte, jede Einzelheit mir einzuprägen und jede Nuance, jede Facette des Moments: denn es wird das letzte Mal sein. Dann, als ich fühle, daß ich alles, was ich kann, in mein Hirn aufgenommen habe, schließe ich fest meine Augen, lege meine Hand, meine Fingerspitzen an meinen Mund, an meine Lippen, und dann hinunter, es senkt sich meine Hand, sie schwebt hinunter in Zeitlupe, in den Sarg, meine Hand wie ein Vogel, der in ein ausgebranntes, dachloses Haus fliegt: sie landet auf Marshalls Lippen, und obwohl ich die brennenden, verlegenen Blicke der anderen im Raum fühle, es ist ihnen unangenehm, lasse ich meine Hand für einen Sekundenteil auf seinen Lippen. Ein Kuß, Mr. Marshall, ein Fernkuß von Cathy, Kitty, Michael, Steve, Jim, Laz, John, Evann, ein Kuß von Wanka und Alex, ein Kuß von Ira (den du unseren ›fetten Ruski, den Bauernfarmer‹ nanntest), ein Kuß von deinem Bruder Harvey (den du liebevoll ›den vertrottelten Farmerssohn mit den langen Haaren‹ nanntest), ein Kuß von Ray, Verandah, Michael, Connie, Richard, Laurie, Dale, Pepper, Peter und Marty; ein Kuß von Miß Joanie und ihren neun Welpen, von Priscilla und Rhoda (Schweine, aber du bestandst darauf, das jiddische Wort zu gebrauchen, *hazzers*), ein trauerndes Muh von Miß Dolly (die jetzt schwanger geht mit einem erhofften Kalb) und nur ein mysteriöses Zittern von Max, deinem eigenen Hund, der immer bei dir war und Zeuge wurde gottweißwas für irrwitziger Abenteuer und gefährlicher Situationen, denen ihr um Haaresbreite entkamt – seine Lippen sind versiegelt, es ist ein Pakt zwischen dir und ihm. ›Big Red‹, wie deine Eltern ihn nannten, er wird niemals etwas verraten.

10. Zusammenhalten

比

Pi – Zusammenhalten (Verbindung)

䷇	oben	K'AN	Das Bodenlose, Wasser
	unten	K'UN	Das Aufnahmebereite, Erde

Die Wasser auf der Oberfläche der Erde fließen zusammen, wo immer sie können, im Ozean zum Beispiel kommen alle Flüsse zusammen. Symbolisch bedeutet das zugleich Zusammenhalten wie Gesetze, die dies Zusammenhalten bestimmen und ordnen. Dieselbe Vorstellung deutet sich an in der Tatsache, daß alle Linien des Hexagramms bis auf die fünfte, den Ort des Herrschers, nachgeben. Die nachgebenden Linien halten zusammen, weil sie beeinflußt sind von einem Mann starken Willens in der führenden Position, einem Mann, der das Zentrum ihrer Verbindung ist. Überdies aber hält auch diese starke und leitende Persönlichkeit zusammen mit den anderen, findet in ihnen die Ergänzung ihrer eigenen Natur.

Die Beurteilung

ZUSAMMENHALTEN bringt Glücklichsein
Befrage das Orakel von neuem
Ob du Erhabenheit besitzt, Standhaftigkeit und Ausdauer;

Dann gibt es nichts zu tadeln.
Die da noch unsicher sind, werden sich auch mit der Zeit anschließen.
Wer auch immer zu spät kommt
der wird auf Unglück treffen.

Es ist erforderlich, daß wir uns vereinen mit anderen, damit alle einander ergänzen mögen und einander helfen in dem Zusammenhalten. Aber ein solches Zusammenhalten verlangt eine Zentralfigur, um die andere Personen sich vereinen können. Zum Zentrum des Einflusses zu werden, die Leute zusammenzuhalten, ist eine schwere Angelegenheit und eine Last mit bedeutender Verantwortung. Es erfordert Erhabenheit des Geistes, Standhaftigkeit und Kraft. Daher möge er, der andere um sich sammeln will, sich zuerst selbst fragen, ob er dem Unternehmen gewachsen ist, denn jeder, der sich an dieser Aufgabe versucht, ohne wirklich dazu berufen zu sein, schafft nur Verwirrung, die schlimmer ist, als wenn gar keine Verbindung stattgefunden hätte.
Wenn ein Mensch die Notwendigkeit der Verbindung mit anderen eingesehen hat, aber sich nicht stark genug fühlt, als Mittelpunkt zu wirken, dann ist es seine Pflicht, Mitglied irgendeiner anderen organisch gewachsenen Bruderschaft zu werden.

Zehn Tage lang regnete es stark nach Marshalls Sonnabendmorgen-Selbstmord. Am siebenten Tag, dem Sonnabend eine Woche später, hörte der Regen am frühen Morgen auf, und die Wolken teilten sich und gaben eine blendende Sonne frei, der Hohepriester sprach eine letzte Nachrede. Die Sonne schien brennend hinunter auf den kalten, nassen Boden und auf die Novemberbäume, eine halbe Stunde lang. Dann zogen sich die

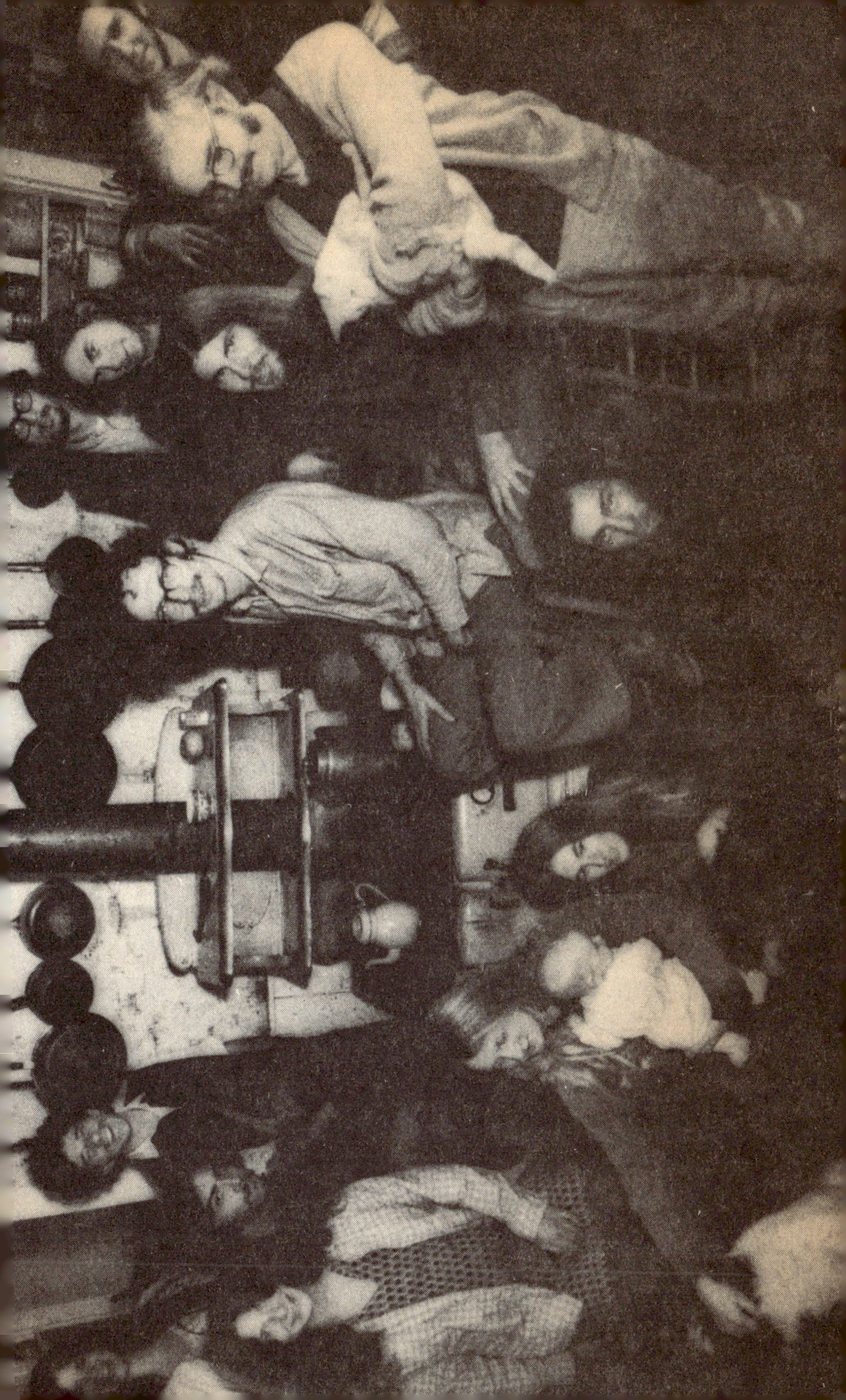

grauen Wolken wieder zusammen, jene himmlischen Vorhänge schlossen sich, und der Regen setzte seine zehntägige Trauerzeit fort.

O. K., Leute, das wär's also, der große Hammer. Werden wir es überstehen? Was wird das Nächste sein?
November, dreißig dunkle Tage, gefolgt vom Dezember, nicht viel besser. Die letzten beiden Monate der gewalttätigen sechziger Jahre, allenthalben passierte die schlimmste Scheiße, aber wir halten aus, reißen uns zusammen, hoffen, es zu schaffen bis zum ersten Januar des Jahres Eins. Es muß doch einen Weg geben, diese schlechten ›vibrations‹ zu besiegen, diesen Würgegriff abzuwehren.
Ein Fest, eine riesige motherfucking Fete, um diese verdammte Dunkelheit davonzujagen oder doch wenigstens die Umklammerung durch die bösen Geister zu lockern, die über uns kommen, immer mächtiger und schneller, da die Tage des Jahres zur Ziellinie taumeln wie der zu Tode erschöpfte Langstreckenläufer. (Wird er es schaffen, Leute?)
Ich schätze, die Idee für die Sagittarius-Fete, die in der zweiten Dezemberwoche stattfand, kam mir aus der Erinnerung an Dixieland-Begräbnisse, die Jazzband am Anfang des Trauerzuges auf dem Weg zur Stätte der letzten Ruhe, leise und dumpfe Musik, Trauerlieder, weil ein Lebensweg zu Ende ging. Und dann nach der Grablegung, der Rückmarsch in die Stadt mit den Trauernden und einer Schar kleiner Kinder mit Reifen und Pfeifen, da bricht die Band aus in die heißesten lebendigsten, wildesten Rhythmen, Freudenmusik, die sowohl den Verstorbenen auf seinem Weg wie die Lebenden auf ihrem zurück in die Stadt begleitet, zurück in ihre Leben, damit sie weitermachen können.
Jeder bei uns im Haus hatte dasselbe Bedürfnis, als ich die

Idee mit der Sagittarius-Fete vorbrachte. Es war erst einen Monat her, seit Laz und ich nach Denver geflogen waren, und die Familie fühlte das Verlangen nach einem rituellen Zusammenkommen, vielleicht nur für einen Abend, an dem alle Familien des Stammes (denn es gibt jetzt viele wie die unsere, mit denen wir verwandt sind, in diesem Dorf im westlichen Neu-England) an einem Ort sich sammelten, an dem all diese Augenpaare sich trafen unter einem Dach, einem Winterhimmel.

Marshall hatte von einer Stadt geträumt, einer Gemeinde mehrerer Farmen wie der unseren. Dieser Traum, den er seit unseren ersten Tagen auf dem Lande träumte, wurde Wirklichkeit zur Zeit seines Todes, ein Jahr später. Unsere Stadt ist auf keiner Landkarte verzeichnet, denn sie existiert nur in den Köpfen und Herzen ihrer Einwohner. Aber wirkliches Land geht Hand in Hand mit diesem Traum, ein Jahr später sind es sieben Gruppen, in einem Radius von fünfunzwanzig Meilen; vier oder fünf sind wirklich eng miteinander verbunden, sind voneinander abhängig wie die alten Siedler mitten im Nirgendwo, nicht nur was die physische Hilfe beim Bau der Häuser, der Farmarbeit oder dergleichen angeht, sondern abhängig, einander emotional und moralisch zu helfen in dem langsamen und bewußt lebenslangen Prozeß, eine neue Gesellschaft zu schaffen.

Wenn man die holprige Straße zur Total Loss Farm hinauffährt, sieht man schon das große nach Osten gerichtete Fenster ihres Hauses. Es ist ein altes Farmhaus im Vermont-Stil, es sieht aus, als habe der Wind es einmal zuviel angeblasen, all die Balken und Wände wie in einem Comic-strips-Tornado hochfliegen lassen, und dann landete das Haus wieder in einem Stück, aber mit klaffenden Löchern, durch die der Wind noch immer pfeift. Von der Straße aus sieht man auch Verandys kleines Hühnerhaus mit dem tanzenden Kobold-Fenster und dem gebogenen Ofenrohr.

In ihrem Wohnzimmer, das Laurie kunstvoll aus einer Garage in einen großen Spielraum mit einer Schlafgalerie an der einen Seite (für Gäste) verwandelt hat, sitzen alle um den Aubuchon-Ofen in der Mitte. Das Ofenrohr schießt sechs Meter in die Höhe (je mehr Rohr drinnen, desto wärmer wird es) und dann hinaus aus der Mitte des Daches. Van Morrison singt, Onkel Louis spielt dazu die Congas, und Michael klimpert schöne Soli auf der Gitarre. Dale Evans, Sneaky Pete, Connie, Marty, Payne (selbst) und Pepper-die-süße-kleine-Schülerin sitzen alle im Kreis herum, auf fetten Sesseln (aus denen die Füllung an manchen Stellen herauskommt) und schlagen zur Musik die Tambourine und klatschen den Rhythmus, aber als wir zur hellroten Vordertür hereinkommen, da brechen sie in Hurrarufe aus und applaudieren – so ist es Sitte, Winterbesucher auf den Farmen zu empfangen.

Ich fange an, ihnen von der Sag-Fete zu erzählen, daß alle Leute von den Farmen in der Gegend kommen sollen mit Wein und Essen und Instrumenten zum Musikmachen.

»Die Sag-Fete, hm?« sagt Michael grinsend. »Ich schätze, alle werden hart spielen.«

(*Hart spielen.* Sich nicht zurückhalten, es-allen-zeigen-wie-es-ist, so wie Sexy Sadie es tat, hart spielen, das heißt, sich daranmachen, ein paar Schädeldecken aufzubrechen, und wenn es gelingt, auch die eigene, dann bläst es einen weg, allein vom ›vibration‹-Rückschlag!)

Unsere beiden Farmen sind wie Schwestern. Zwei Gruppen von Leuten desselben *Karass,* Verwandte, Angehörige einer Familie, aber getrennt duch eine unsichtbare Entfernung von zwanzig oder dreißig Meilen. In den frühen Tagen bestand unsere Welt so ziemlich nur aus uns beiden, den beiden Farmen. Während des ersten Winters blieben die Leute der beiden Farmen mehr unter sich, denn jene erste Phase, die muß man allein durchstehen – wenn auch die widerhallenden Echos geteilten Leids (»Unsere Wasserleitungen sind auch eingefroren, verdammt!«) eine gewisse Hilfe waren. Nach dem ersten Tauwetter jedoch begannen wir alle, einander näherzurücken, die Schildkröten krochen aus ihren Jahreszeitenpanzern, die Leute der beiden Farmen entdeckten einander und lächelten. Wir hatten schon lange das Bedürfnis der einen Farm nach der anderen erkannt, allein das sichere Wissen, daß die anderen weitermachten, gab uns Auftrieb. Nach dem Tauwetter verging kaum eine Woche, in denen nicht einer von uns zu ihnen fuhr, oder umgekehrt. Und wenn wir nicht Personenaustausch hatten, dann waren da immer die ›vibration‹-Botschaften, die zwischen den Farmen wechselten, wie Lichtblitze vom Blitzableiter auf der Scheune der einen Farm hinüber zum Blitzableiter auf der Scheune der anderen Farm.

Das Maifest wurde dort oben auf der Total Loss Farm abgehalten, eine Feier, die jährlich wiederkehrende Tradition unseres Stammes werden sollte. Eine Zusammenkunft nicht nur zu Ehren der Rückkehr des grünen Lebens und Mutter Natur, die in ihre Brunstzeit kam, sondern auch eine Dankesfeier dafür, daß beide Farmen den ersten Winter überstanden hatten.

Als wir alle zum Pfirsich-Garten strömten, um den Maibaum zum zweiten Mal einzupflanzen, ein Jahr später (Marshall war jetzt sechs Monate tot), mußte ich grinsen über die vielen neuen Gesichter, die am vorigen 1. Mai noch nicht dagewesen waren. Der Stamm war angewachsen auf über fünfzig.

Ich fahre gern hinauf zu den Leuten dort und spiele mit ihnen, denn man weiß nie, was für Tricks der Himmel in Vermont auf Lager hat. Zum Beispiel an jenem Tag, da ich mit Opa Ray draußen saß und wir am offenen Feuer einen kleinen Schnack hielten. Spätherbst, kühl, flüsternder Wind, immer wieder: »Der Winter ist auf dem Weg.« Wir saßen da, als urplötzlich eine Wolke aufriß und rechts von uns die strahlende Sonne erschien. Und genauso plötzlich begann es links von uns zu regnen, lange dünne Tropfen kalten Wassers. Und dann (der Regen und der Sonnenschein sahen einander an, starrten einander an) fielen dort, wo Ray und ich saßen, perfekt geformte Schneeflocken, dick und weiß wie Pusteblumen, vom Himmel in einem stetigen Strom, als kämen sie aus einem Schneeflokkenspeier über uns. »Sieht aus wie eine von diesen interplanetarischen Light-Shows«, sagt Opa inmitten der Schneeflokken. Alle vier Jahreszeiten waren über unseren Köpfen zusammengekommen, Winter, Frühling, Sommer und Herbst, und der Himmel selbst knisterte, gelb, orange, blau, grau, grün und schwarz.

Die Wendell Workers sind unsere nächste Station, sie leben eben hinter dem Hügel, nur sieben Kilometer von uns entfernt. Wir nennen sie im Scherz die IWW (International Wendell Workers, da ihre Farm in einer Stadt desselben Namens liegt); als sie im vorletzten Sommer frisch vom College weg auf ihre Farm zogen, ja, da waren sie superorganisiert und schufteten, schufteten, schufteten. George war der Gurken-Manager, Iago der Mais-Manager, Terry verantwortlich für Kürbis-Probleme, und Tom schließlich managte die Menagerie – deren Prunkstück ein wunderschön gefärbter, absolut irrwitziger Ara war, der Charmaigne hieß. Wir saßen in der Küche der Wendell Farm und sahen zu, wie Charmaigne in Toms Schoß sprang und ihm nach dem Essen die Reste zwischen seinen Zähnen herauspickte, ein Dressurakt, mit dem er in jedem Zirkus hätte auftreten können. Marshall hielt den Spitznamen (Wendell

Workers) für abwertend und behauptete (mit halb ernster, halb lustiger Stimme): »Wir haben eine Menge von den Typen zu lernen«, was, wie gewöhnlich, einen bestimmten Grad von Wahrheit hatte. Wir lernten von ihnen, und sie von uns. Man darf wohl sagen, meine ich, daß sie uns eine Menge über Arbeit, den Gebrauch von Energie beigebracht haben, und daß wir ihnen ein paar Sachen über das Spielen beibrachten. Das ist eine der Haupteigenschaften dieses Lebens, ein jeder bringt einen jeden unentwegt auf neue Trips, neue Arten, das Leben zu sehen, sich selbst zu sehen usw. (Humor ist natürlich eine der magischen Schlüsseleigenschaften.) Das geschieht kontinuierlich zwischen den Mitgliedern jeder individuellen Familie und überträgt sich dann auf einer größeren Ebene von einer Farm zur anderen.

Das Farmhaus in Wendell, das auch bekannt ist unter seinem populären Namen ›Jimmy's Popcorn‹, aus unerfindlichen Gründen, war ein ziemlich glatte Sache, als sie einzogen. Das heißt, es hatte eine Front aus falschen Ziegeln, Teppiche, Zentralheizung (Öl) und einen Elektroherd. Aber nach ein paar Wochen machten sich Margaret und Claire (zwei herrliche Skorpion-Ladies) und die anderen ans Neutapezieren und richteten das Haus so ein, daß es sich bald mit jeder selbstbewußten Farm des Neuen Zeitalters messen konnte.

Dan Keller war in seinem letzten College-Jahr, als er auf die Montague Farm gezogen kam. Im Frühling kam er ein paarmal zu Besuch und genoß sichtlich die üppigen Mahlzeiten, die Miß Cathy auf den Tisch brachte (dampfende Kasserollen, der obligatorische, immer geliebte braune Reis, Kürbis mit geschmolzenem braunen Zucker drauf, selbstgebackenes Brot aus Vollweizen oder Roggenmehl, dicke sahnige Dolly-Milch und Kirschtorte zum Nachtisch). Unter Marshalls Einfluß und auf seinen Rat kauften ›Dan the Man‹, Terry ›The

Tramp‹ Rodgers und David ›The Black Iago‹ Yagjian das alte Gallipol Haus nur ein paar Meilen von hier. Jetzt ist es eine blühende Farm, neue Gebäude links und rechts, viele Autos und Laster auf dem ›Parkplatz‹, einem Sandstück vor der Scheune, und Hunde, Kühe und massenweise nette Leute.

Da ist Miss Betsy, trocknet ihr Fenchel, Petersilie, Salbei, Rosmarin und Thymian, draußen unter den Sonnenblumen, die wie lächelnde Gesichter sind; Jim Ord blickt finster auf seine Hacke (die sich nicht mehr lösen läßt im metertiefen Graben) und rollt sich eine Zigarette; und da kommt Ira in seinem superduper Kraftkarren von 1949 die lange Auffahrt raufgefahren, er lebt jetzt in Wendell. Ich informiere sie alle über die Sag-Fete und den Schokoladenkeksbackwettbewerb. Margaret sagt: »Oh, prima«, und dann bringt sie einen Pappkarton spezieller Art, der (wie eine Schatzkiste) bergeweise Klamotten vom Trödler enthält, Kleider, Mäntel, Schals, Alltagskleidung aus vielen vergangenen Jahrzehnten, Kostbarkeiten jetzt, gesammelt auf Böden und in Kellerräumen in ganz Amerika. Kostüme sind absolut notwendig, wesentlich, denn wie jeder weiß, kann man nicht im Film mitspielen, wenn man kein Kostüm hat. Im Zimmer nebenan klimpert Iago eine Melodie auf dem Klavier, während C. E. den Baß stimmt. Sie sind Mitglieder der Alley Cat Blues Band, unserer offiziellen Stammeskapelle mit Superstars von allen Farmen. Sie werden bei der Fete spielen.

Nicht ganz eine Meile die Straße hinunter von uns aus liegt das Old Gardner Haus, wohin Susan und John zogen, als sie im letzten Sommer die Farm verließen. Sie leben dort mit Magic Sam und Whitney und einer Herde Hunde, die (der Größe nach) umfaßt: Pooperina, Lightnin' bis hin zu Hula-Boraxo, ihr erinnert euch, er war noch ein kleines Hündchen im Kapitel vier, ist aber jetzt ausgewachsen. Magic Sam ist bekannt für die bravourösen Kraftakte, die er zur Freude aller Kinder in der Gegend vollführt. Magic Sam und Dan the Man haben diesen Sommer eine Maschine gekauft, die das Heu bündelt, und jetzt sind die Scheunen unserer vier Farmen bis an den Rand gefüllt mit Fünfzig-Pfund-Ballen, von denen das diverse Vieh den Winter leben wird.

Johnny Wilton begann damit, ihr Haus ›Susan's Restaurant‹ zu nennen, weil durch irgendeinen Zufall jedesmal, wenn er zu Besuch hinunterkam (jeden zweiten Tag), ein herrlicher Festschmaus frisch aus dem Herd auf der Fensterbank zum Abkühlen stand. (Im Augenblick stillt Susan Baby Alpha, das erste in unserer Stadt geborene Kind, eine zarte Löwe-Lady mit blauen Augen. Und ja, der Grund, warum ich allen erzählte, es würde ein Schokoladenkeksbackwettbewerb stattfinden bei unserer Fete, ja, der war, daß ich Susan anstacheln wollte, ihre Spezialmarke zu backen, meine absoluten Lieblingskekse. Whit brachte einen Riesenkrug dunklen Tee und seine Gitarre.)

Die Wände des Hauses bebten, zitterten wie das dünne Stück Stoff vor großen Lautsprechern von den ›vibrations‹. Ich erinnere mich, ich stand in der Küche, betrachtete die Köstlichkeiten auf dem Tisch; Brote, Kekse, zwei riesige (hausgeschlachtete) Schweineschinken. Und dann die Leute, die umeinander schwirrten wie Geister, die plötzlich alle auf einmal von einer Insel mitten im Meer angezogen werden, und jeder Raum war so, Wohnzimmer, zwei der größeren Schlafzimmer, Küche, Kaminzimmer, wo das Feuer loderte (schrieben wir doch die zweite Dezemberwoche).

Ich war besorgt um das Dach; die Intensität von fünfundvierzig Leuten von den Farmen und einigen anderen, alle auf Meskalintrips; das Gerüst des Hauses schien zu schwanken.

Aber schließlich sind sie doch dafür gebaut, diese Riesenhäuser: gebaut für Feste, Zusammenkünfte, die das Dach beben lassen, Treffen aus Anlaß von Freude oder Trauer, oder beidem. Die Öfen in den Zimmern glühen, das Haus platzt aus allen Nähten: Körper, Männer, Frauen, Babies und Hunde, eine Menge Hunde.

Ich gehe nach draußen, um ein wenig Luft zu schnappen, die Sonne hat wieder einmal ihren Weg gen Westen gefunden, aber noch ist das Licht nicht erloschen, noch sind Spuren da: ich gehe das offene Feld hinauf bis an den Kamm, wo die Steinmauer das Feld vom Wald trennt, und als ich den langen Anstieg beginne, sehe ich ein riesiges rotes ›S‹ sich am Himmel Formen, eine Doppelkurve von Wolken, gerötet von den letzten Strahlen der Sonne, aber einwandfrei ein ›S‹ – für die Siebziger Jahre, Sagittarius und Survival (Überleben) – es ist Doppelkurve des Lebens, die im Kreis des Yin-Yang ruht.

Das Leben ist jene dünne Kurvenlinie (der Fluß), in ihrer Schwingung ist das Geräusch des Herzschlags eines Neugeborenen, sie hält das Schwarze und das Weiße zusammen, die Dualität, die menschliche Rasse ist ein gottverdammtes kosmisches Klebeband. O-wuuuuuf, ruuuuf, rwhuuuffff! Joanie, Königin der Hundewelt heult jetzt laut (sie kümmert sich ebensowenig wie die Kentucky Wonder Pole Bohne um das Blah-blah-blah, Quassel-quassel), und sie schießt mir voraus zur Steinmauer, wo das Feld endet und der Wald beginnt.

Ich denke, ich werde hier eine Weile auf dem flachen Fels sitzen. Das Land breitet sich vor mir aus hinunter in das sanfte Tal, der Boden ist kalt und flach und so, wie das Licht ihn trifft, grau und doch glänzend, wir könnten auf hoher See sein, das Farmhaus, dessen Fenster lodern, die flackernden Bewegungen der Körper, die Licht wie aus Bullaugen hinausdringen lassen, das Farmhaus ist unser Ozeanriese (zwei Ziegelschornsteine pumpen stetig Rauch hinaus wie die Schornsteine des Dampfers). Es ist die große Reise, es ist ein Wagnis, diejenigen, die man liebt, verlassen einen im Dunkel und kehren dann wieder wie Babies, die nach dem Licht greifen. (Und die Farmfrauen, sie beweisen soviel Glauben an die Zukunft der Reise, daß sie neues Leben in die Welt bringen, Susan mit ihrem Baby Alpha, Cathy, jetzt neun Monate schwanger mit dem Kind von Laz, Nina mit dem von Chuck, Janis, strahlend, langsam schaukelnd im Stuhl beim Ofen, während sie Sequoiah stillt; der gigantische Schritt voran.) Wohin gehen wir, wohin führt die Reise? Wer weiß? Es dauert ein ganzes Leben, dorthin zu kommen.

Jemand steht auf der Spitze des Scheunendachs, oben vom Hügel aus kann ich kaum die Umrisse seiner Gestalt in der Dunkelheit ausmachen, im Dämmerlicht, die Arme suchen Gleichgewicht zu halten. Es ist Sluggo, er hat den ganzen Nachmittag da oben gehockt, hinausgestarrt in den Sonnenuntergang, jetzt ist es dunkel und Sluggo noch immer auf dem Dach. (Er und Tony legten die letzte Schicht Blech gerade vor drei Tagen auf das Dach, eben rechtzeitig, da der Schnee in einer Woche stürmisch kommen wird, es ist Dezember.) Was denkt er denn, da oben? Wartet auf den Abendstern, sonst nichts, vermute ich.

Ihr glaubt vielleicht, so endet die Geschichte, aber laßt euch nicht täuschen: wir haben diese Reise kaum begonnen, der Ozeandampfer stampft tapfer durch die Stürme und die hellen Sonnentage des Neuen Zeitalters, das doch so alt ist wie die Hügel, wie jeder weiß.

Und es dauert ein ganzes Leben, ans Ziel zu kommen.